1

伊豆と世界史

豆州
国際化
事始め

桜井祥行
Sakurai
Yoshiyuki

長倉書店

はじめに

二十世紀も終わり、二十一世紀の時代となった。

国際化の時代と言われて久しいが、確かにインターネットの発達によりグローバルな情報が瞬時に入り、あたかも自分が世界人の一人であるかのような錯覚を受けることがある。

しかし、その反面どれだけ自国のことについて理解をしてきたであろうか。

日本が世界に誇る文化は何かと問われた時に、能や茶道、神社仏閣についてどれほどの説明を加えることができるであろうか。

実際のところ筆者も口ごもるだけで、明確に答えることはできない。

高等学校の教育課程の中で、「世界史」なる科目が必修科目となって久しいが、教育界に身を置くものとして感じることは、なぜ世界史を学習するのかという意味を生徒がどれだけ理解しているのか、と言うことである。

国際化社会の理解のためと一言ですませる前に、現実の世界をどれだけ自己の思考のベースに備えつけることができているか。様々な外国人労働者が目の前を過ぎてゆく今日、自らが外国文化をいかに理解し、また、彼らに日本文化を理解してもらうことができるのか。

そう考えていくと「世界史」学習の重要性が再認識され、世界を見る目と日本を見る目を違った角度から捉えることができるのではないかと思う。


筆者は本書で「世界史」を身近な所に引き寄せて、日本という国が、そしてその地域が、いかに関わってきたのかを様々な角度から考えることとした。本音では静岡県という県全体を見たかったのであるが、フィールドワークが可能な範囲として〝伊豆〟に限定した。

それでも伊豆は口《くち》伊豆と呼ばれる三島から奥《おく》伊豆と呼ばれる下田まで広域であり、山と海を有する起伏に富んだ地形のため、調査にも困難が伴った。

しかし口伊豆は旧東海道線沿いに位置する関係で、江戸時代から様々な文化の交流があった。また海岸は海路による文物の交流があり、幕末期はまさしく下田が海外との窓口となった所で、世界史教材としては格好の教材資料に足る地域だと思う。

最近は、海外との文化交流として各自治体が姉妹都市を提携したり、祭りが企画されているが、これなども過去の海外との関係を知る上で非常に勉強になることである。

二〇〇〇年には、伊豆新世紀創造祭のイベントが各地で開かれたが、伝統芸能の復活や歴史の再現がなされ、学校教育でも大いに利用できるような内容のものがいくつかあった。

地域の歴史の掘り起こしは、高校生のみならず小学生のうちから総合的学習の時間を利用してできるものであり、こうした積み重ねこそが歴史教育の根幹をなしていると思う。

今回取り上げた九つのテーマは、伊豆各地での意外に知られてなかった面にも焦点を当てたつもりである。ほとんどが近代以降になってしまうのは、鎖国が解かれた幕末以降に海外との交流が活発化したからである。

本書を通じて「伊豆」と「世界史」に興味をもっていただければ幸甚である。

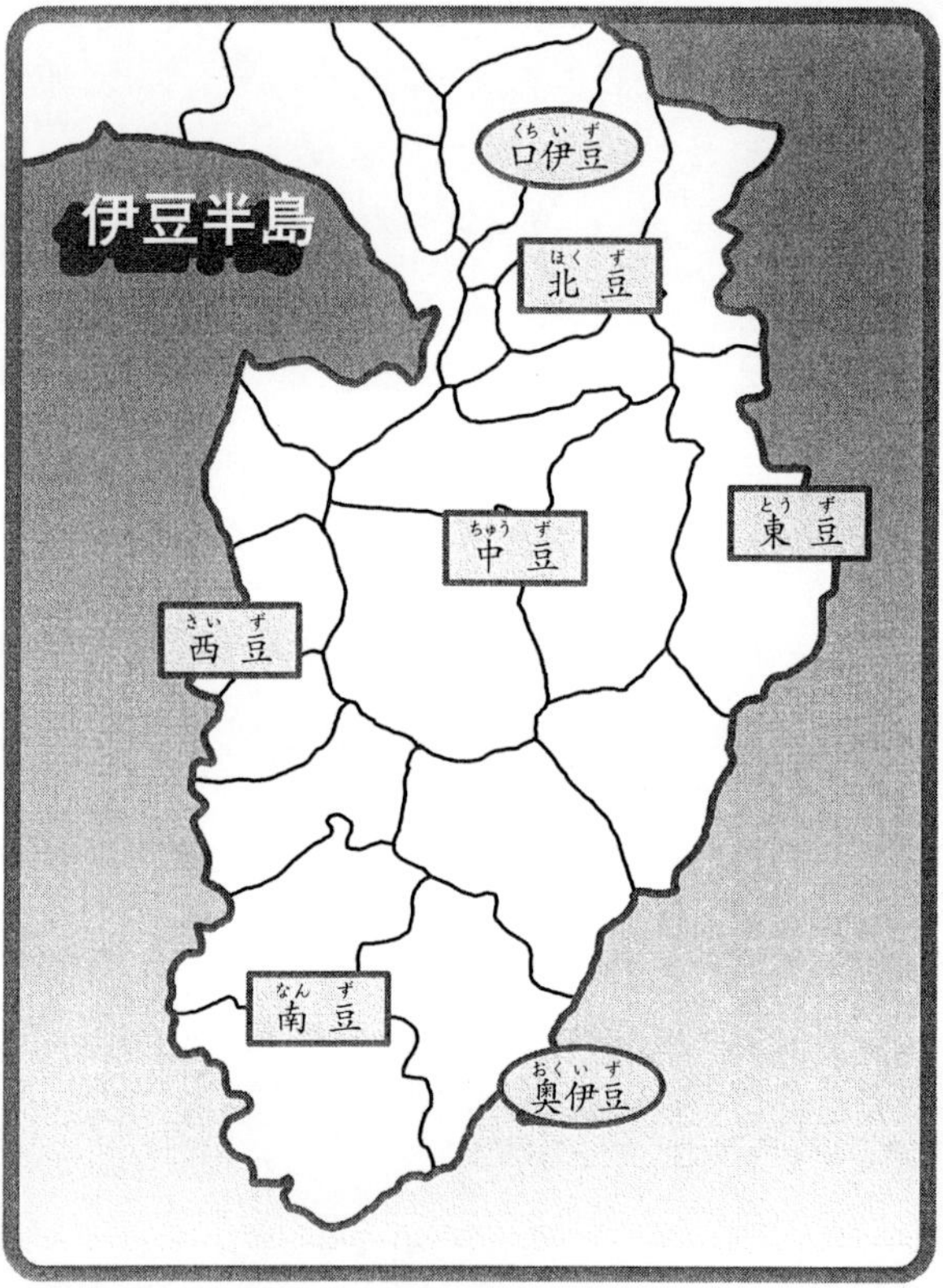
伊豆半島
口伊豆《くちいず》
北豆《ほくず》
東豆《とうず》
中豆《ちゅうず》
西豆《さいず》
南豆《なんず》
奥伊豆《おくいず》

伊豆と世界史——豆州国際化事始め——＊目次

第五章　伊豆とキリスト教……101

第六章 漂流民と移民……127

装幀　臼井新太郎
組版　字打屋
写植　泉企画

伊豆と世界史

豆州国際化事始め

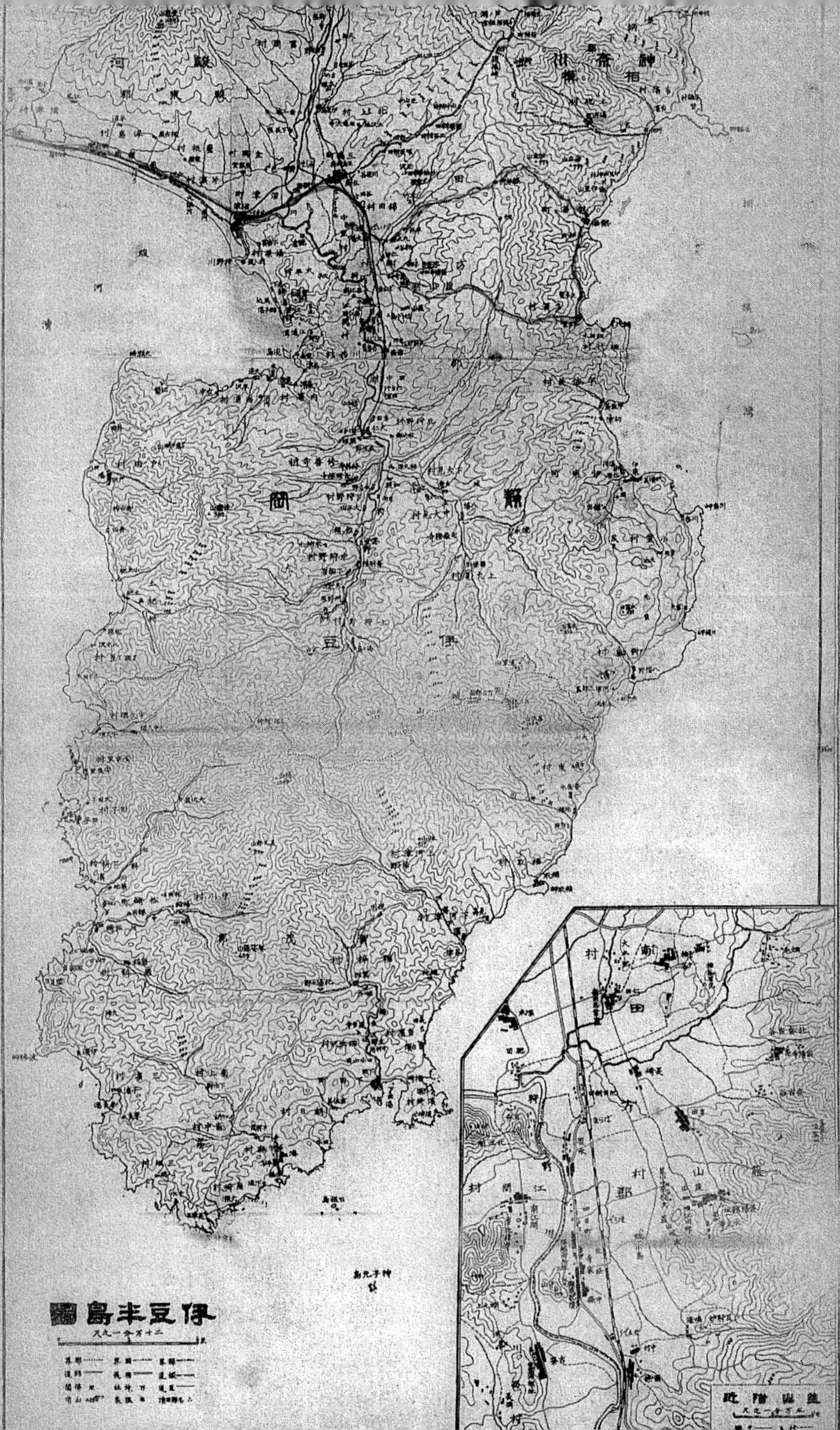

伊豆半島圖
二十万分一之尺
韮山附近
五万分一之尺

第一章

二十世紀における伊豆と韓国・朝鮮

第一節　はじめに

二十一世紀に入り、科学の世紀から新たなる世紀に対していかなる課題をもって、人類は舵取りをしようとしているのであろうか。環境、情報、人権がキーワードであると言った有識者がいたが、いまだ戦争責任に対する清算が済んでいない前世紀の遺物を持ち続けている状態であり、なかなか前進できずにいる。

このことは昨今の歴史教科書をめぐる問題に端を発し、あるいはまた靖国神社問題をはじめとする戦争関連問題が、近隣諸国との関係を悪化させていることにほかならない。

しかるに二十世紀の歴史は、日本がアジアの覇権の明暗を握った百年ではなかったかと思う。とりわけ隣国韓国・朝鮮との関係は、長い両国の歴史の中でも不幸なる点を作ってしまった。

大まかな国家単位を鳥瞰して論ずることも必要であろうが、この章では静岡県の伊豆という地に限定して、韓国・朝鮮との繋がりを捉え、史実としてどのようなものが残されているかを、いくつか紹介してみたく思う。

その一つが別荘地としての三島市にある楽寿園であり、東伊豆（伊豆半島東海岸）という温泉地である。この他、いくつか紐解く鍵はあろうが、点と点を繋ぐことによって地域における両国の関係史が見えてくるのではないか思う。

この接点に李垠《イ・ウン》がいる。

その名を耳にした時に、朝鮮系の名前だとわかるが、どういう業績をなした人物かを正確に答えることは難しい。むしろ教科書などに掲載される、伊藤博文とともに和服姿で写っている少年と言えば記憶している人も多いと思う（写真A）。

彼は李氏朝鮮王朝最後の皇太子であり、李王世子（英親王）あるいは李垠と呼ばれ、数奇な運命をたどった人物である。昨今では彼の妻となった梨本宮方子がテレビなどで

写真A　李垠と伊藤博文

紹介されているが（註一）、本来ならば二十世紀の日韓、日朝関係には欠かすことができない人物であるのに、案外知られていない。

李垠は今よりおよそ百年ほど前の一八九七（明治三十）年に、大韓帝国（李氏朝鮮王朝）高宗の三男として生まれた。そして、日鮮融和策のために、日本に留学と称して連れてこられたのが、十歳になる一九〇七（明治四十）年のことであった。

彼を日本に連れてきた人物は先の伊藤博文であったが、伊藤は当初李垠の世話を何くれとやいたようである。このことは李方子の手記にも見られることであるが（註二）、同じ同胞として伊藤を見る目は、安重根のそれとは対照的である。

さて、日本に来た李垠は、皇室並みの扱いを受け、いくつかの別荘、土地を持つ身分となった。

それが伊豆の三島市や熱海市伊豆山、伊東市湯川、河津町今井浜にあったのである（註三）。以下、彼の足跡をたどってみることとする。

第二節　李垠と伊豆

1　三島との繋がり

三島市は平安時代は伊豆の国府があった所で、水の町として知られる。JR三島駅の

●註一
日本テレビ系『知ってるつもり?!』（一九九五年六月四日放映）。

●註二
李方子著『流れのままに』では、このくだりがみられる。しかし李垠自身の手記はない。

●註三
李方子『流れのままに』他から引用。

南口を出た先に楽寿園・楽寿館という行楽地があり、ここがかつての李垠の別荘地と言われている。

李垠はこれを昌徳宮（註四）と名づけた。それは彼が幼い頃に過ごした祖国漢城（ソウル）にある李朝宮殿（景福宮）の離宮名をとったからである。東京赤坂の自宅に対する別荘地としてそう名づけたのではないかと思われる。

ここは以前小松宮彰仁（註五）が所有していたものであったが、一九一一（明治四十四）年から李垠が別荘とし、一九二六（大正十五）年まで利用していた。

この地は富士山地下からくる水が豊富で気候も温暖であり、別荘とするに適しており、皇室関係から譲渡されたと考えられる。

その一方では、大倉（喜八郎）卿との関係も考えられる。伊東市にある有名な川奈ホテルは、大倉喜八郎（ホテル大倉）建立による伝統あるものであるが、ここに幼い李垠が伊藤博文とともに撮った写真が飾られている。場所は福島県の猪苗代湖畔で、ここは大倉卿の別荘のある所である。その写真は当時珍しいフォード社の車に乗ったもので、これを大倉喜七郎（喜八郎の子）が運転している。この大倉卿のはからいで伊豆の地を紹介されたことも考えられる。大倉卿は伊藤博文とも朝鮮半島事業で強い結びつきをもっている。

後にここを売却する折に払い下げ問題が出ており、それは民間人の紹介だけではきか

●註四
昌徳宮は一四〇五（太宗五）年に正宮の景福宮の離宮（太子宮、王太子宮の総称）として建てられた宮殿。世宗王朝の時には集賢殿（学問研究機関）や蔵書閣などを建てたが、一四五九年世祖がその規模を十五万坪まで拡大した。一五九二年には壬辰乱（文禄慶長の役）が起こり、すべての宮殿が焼かれてしまったが、一六〇六（宣祖三九）年に復旧を始め一六一〇（光海君二）年に作業が終わった。

●註五
宮サンの「風流トコトンヤレ節」で有名。小松宮は日露戦争中、旅順港における李鴻章の高見台になっていたものを戦争後、三島の別

ないであろうから、前述の皇室関係筋の力が働いたと見るのが妥当であろう。

なお、一九一九（大正八）年発行の三島町の地図には、「昌徳宮邸」と記載されている（註六）。

その他に、この三島別荘を取り扱ったものとして、勝間田泰平『伊豆鏡』と『田方郡誌』に大正初期の写真が掲載されている（註七）。

ほぼ大正期の間、避暑地として毎年李垠は三島の地へ来ている。『静岡新報』や『静岡民友新聞』では、その都度記事として載せている。たいていそれは七月の後半から八月の後半の一ケ月ほどで、この間に三島大社の祭を見たり、沼津の静浦にある御用邸近くの海で泳いだりした。またある時には小浜池に舟を浮かべて櫓を押した時もあった（註八）。

こうした中、往時を偲ぶものとして楽寿館を見ることができる。ここは現在では一日に二回ほど案内してもらえるが、格調が高く、静養するには格好の建物と言える（写真B）。李垠は玄関左側に位置する所にダンスホールを増築し、ホームバーなどを備えている。戦後、アメリカの進駐軍に赤く染められたとのことであるが、

写真B　楽寿館（三島市）

荘へ持って来てしつらえた。後、李垠も利用している。

●註六
「郷土館だよりＶＯＬ９」（福田淑子稿）では一九一一年になっているが、勝間田泰平『伊豆鏡』（一九一四年）、『田方郡誌』（一九一八年）では一九一二年七月に譲渡されたとある。

●註七
どのような様子であったかと言えば、「庭園ニ湛ヘタル小濱ノ池ハ水清ク冷カナルコト他ニ稀ニシテ富岳千古ノ雪解ケテ遠ク此地ニ湧出スト古來ヨリ云ヒ傳フル處ナリ池邊ニ宏壮優美ナル御殿アリテ御庭最モ廣ク小高キ丘ニ登レバ北方八朶ノ芙蓉峯ハ双眸ノ内ニ逼リ南

現在は和洋折衷の部屋の作りを残している。

また韓国・朝鮮の名残としては、小浜池庭園にある朝鮮灯篭を確認することができる。

さて李垠の存在は、三島市民にはどのように映っていたのであろうか。

元朝鮮王子とは言え、李垠は皇室に組みこまれており、当然皇族関係と同様な扱いを受けていた。新聞記事は常に〃殿下〃あるいは〃王世子〃という呼び名を冠しており、一九一九（大正八）年三月の李太王（李垠の父）の国葬日には、市内の各学校をはじめ銀行業者などは休業して哀悼の意を表している（註九）。避暑に来た折には、田方郡長がヤマメ四十匹を李垠に献上したり、狩野川の鮎を献上している。また結婚の慶事祝いに三島町あげての奉祝をしている。

こうした町の対応に対し、李垠は卒業式の折に賞品を下賜している（註十）（写真C）。新聞には「名誉の賞品拝受者　李王世子殿下より三島高女卒業生へ」という記事がある（註十一）。この対象者は級長をやった者とされ、当時は名前まで掲載された。それは「李王賞」と呼ばれるもので硯箱（文箱）をはじめとして受賞者が保存している。

写真は、昭和初期に三島高等女学校（現三島北高等学校）を卒業した際の恩賜賞とし

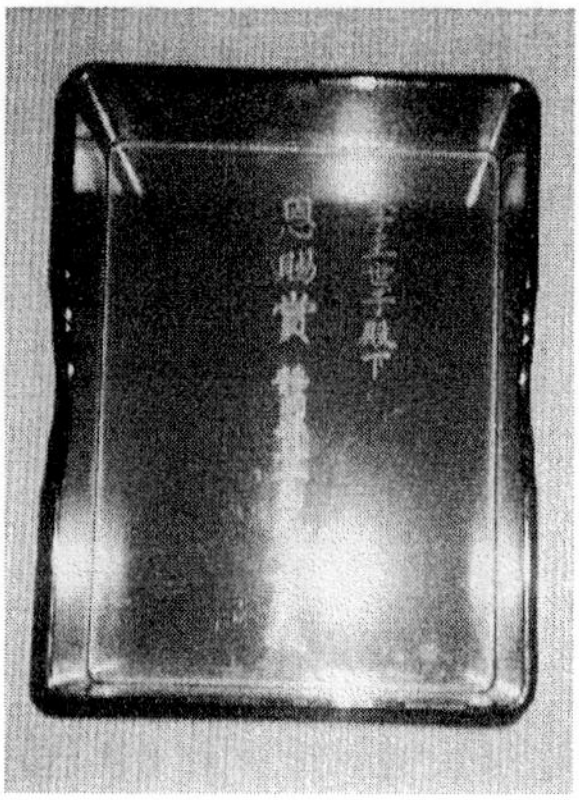

写真C　李王賞

方渺茫タル駿河灣ハ脚下ニ簇ル眞ニ仙境ニ在ルノ想感アル寫眞ハ南方ヨリ撮影セルモノナリ」（勝間田泰平『伊豆鏡』大正三年、郷土出版復刻より）。

●註八
大正二年七月二十五日付『静岡新報』。今でこそ枯渇しているが当時は溢れる水量であった。

●註九
大正八年三月三日付『静岡新報』。また二月二十六日付では「国葬と学校」という見出しで、「本県にては三月三日李太王殿下御葬儀につき哀悼の意を表する為め県下各学校並に幼稚園をして休業せしむべき旨二十五日通牒を発したり」とある。

ての文箱であり、他にも級長に贈られる硯箱などがある（註十二）。また口承では、「李王さん」という馴染みある呼び名が伝えられているが、これは何を意味するのだろうか。

そこにはやはり、皇室並みの扱いを受けつつも、彼の温和な人柄を偲ぶ親しみが根底にあるように思える。

後述するように、当時は朝鮮人渡航者が多く、近くにある丹那トンネル工事にも強制連行を含め、多くの朝鮮人が職を求めて来ていた。

日本人が「鮮人」と蔑む時世の中での評価であるから、朝鮮皇太子という位置は非常に微妙なところであったように思われる。にもかかわらず彼を追慕するかのような形で、李王賞は継続された。

また、李垠は一九二〇（大正九）年、梨本宮方子との結婚時において、沼津の御用邸に来ていた大正天皇と接見の儀を行った。三島―沼津間の沿道はかなりの人出であったと言われている（註十三）。

やがて昌徳宮こと楽寿園は、払い下げ問題にぶつかる。李垠夫妻が世界一周旅行に出かけるための資金捻出の目的と、大三島建設のための水道問題とがからみ、三島町では巨額な金額を払うことが難しかったからである。一九二五（大正十四）年後半は、このことがしばしば新聞記事となっている（註十四）。

●註十
一九一九年一月十二日付『静岡新報』には、「三島町より献納」として、御成婚記念品として硯箱と料紙文庫を贈っているが、この年李太王が死去したため、結婚は翌年に延期された。

●註十一
一九一八年三月二十日付『静岡民友新聞』。

●註十二
李垠夫妻が三島の地を去ったのは一九二六年であるが、これ以後終戦までこの賞は維持されている。一九二九年の三島高女卒業の文箱、三四年の三島南小卒業の硯箱、四一年の三島高女卒業の硯箱等が確認されている（三島市在住塚田女史の証言）。

町の財政困難を救ったのは、洋式建造事業による財力を持つ錦田村（現三島市）在住の緒明圭造氏で、楽寿園は彼に売却された（註十五）。

そして李垠夫婦は一九二七（昭和二）年から翌年にかけて欧州諸国歴訪の旅に出かけている。

楽寿園のその後は、第二次大戦後、楽寿館が米軍に接収され、一九五二（昭和二十七）年、市が買収して、現在は三島市管理下にある楽寿園という公園として運営されている。

2　伊東との繋がり

伊東は先述した大倉卿との関係はあるが、李垠夫妻がいつ頃から東伊豆方面に出向いたか正確にはわからない。しかし欧州旅行から帰国後の一、二年の間に来ていることは間違いない。土地登記簿に一九二九（昭和四）年に伊東町湯川字天神畑（現伊東市）の地を入手しているからである（註十六）。一九二二（大正十一）年刊行の「伊東町全図」（竹下浦吉著、文泉堂刊行）には、この地は「伊東園」となっている。『伊東町誌』によれば「伊東園」は、

「たたら沢の水を園内に引き入れ飛瀑を懸け、四疋に数奇をこらして亭を配し、池には橋を架け舟を浮かべて草木華卉を植え四季の眺めを便にし更に緑陰、噴泉をも配し人々の憩いの場とした」

とあり、水の豊富な楽寿園を思わせるものであったに違いない。

●註十三
三島だけの人力車では間に合わず、沼津までの人力車が総出で行列を見にいったとのこと（前者証言）。

●註十四
「御別邸一部払下問題進捗、大三島建設の第一歩」（一九二五年六月二十三日付『静岡民友新聞』）、「御別邸払下問題意外に進捗、三島当局要望大体叶はん」（同年九月二十七日付『静岡民友新聞』）、「余儀なく両案実行、李王世子御別邸払下と三島町水道問題」（同年十月二十七日付『静岡民友新聞』）、「御別邸払下げ延期方を請願か、けふ町民大会開催」（同年九月二十七日付『静岡民友新聞』）。

これは現在の伊東駅裏《うら》の伊東公園横に位置する。実際に伊東の温泉地図を確認するとその土地がわかる。昭和五年の「伊東温泉場全図」には、同地は、「李王家敷地」と記載されている（図1）。

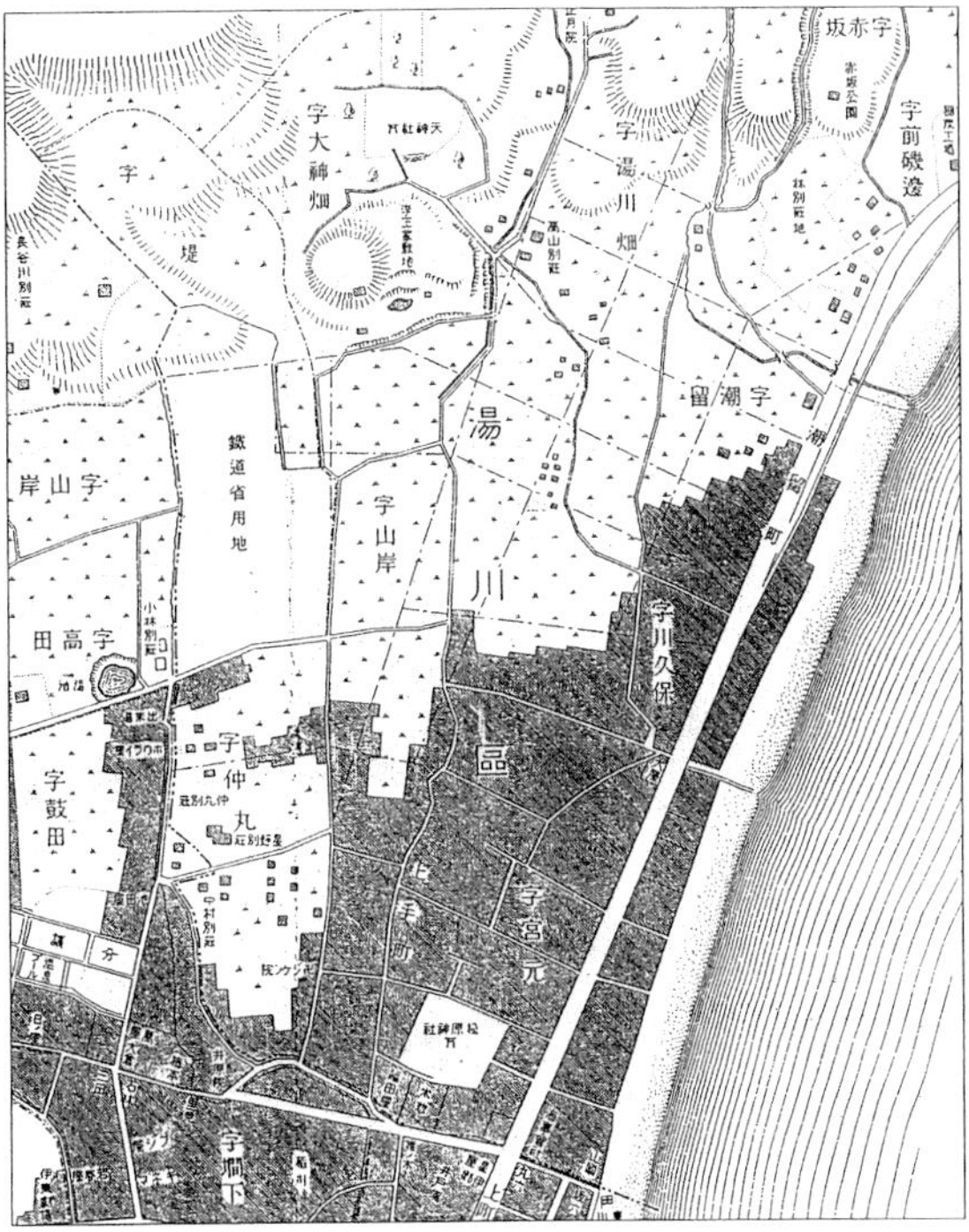

図1　伊東温泉場全図（一九三〇年）竹下浦吉編

この別荘地には川奈ホテル（伊東市内）にゴルフをやるためか、今井浜（河津町）に行くために立ち寄ったと思われる。川奈ホテルに出向いたことは証言があり、また同ホテル内には、先の少年時代の猪苗代湖畔における写真が飾られている。

●註十五
当時の金額で百万円（「楽寿園だよりVOL9」から）とも言われ、即金の譲渡価格は三十万円とも言われた。なお、緒明家はヘダ号建造時の船大工であった緒明嘉吉の家系で、圭造はその孫にあたる。

●註十六
「豆州歴史通信第一七八号」（森山俊英主幹）には、このくだりがある。そこには、昭和四年に李王職長官という名で購入した土地謄本がある。ここで李垠は温泉掘削を三度試みたが成功していない。

写真D　李王家境界跡（伊東市）

証言では、昭和十年代頃しばしば李垠一家がホテルに来て、ゴルフを行ったと言うことである（註十七）。

伊東の別荘地は、一九四九（昭和二十四）年の地図にはその名はない。この経過については、戦後伊東市へ売却され、現在の伊東公園となっている（註十八）。

現地に行くと、今も「李王家」と刻まれた石柱が数本、地中に残されている（写真D）。

しかし伊東での滞在期間は短かったようで、三島のような市民との交流は残されていない。

第三節　要人の往来

伊豆は温泉地として、明治期から政府高官を含め、要人の往来の多い地域である。とりわけ、東海岸（熱海）は幕末のイギリス大使オールコックやフランスのロッシュをはじめとして、海外からの要人の滞在もみられた所である。

では韓国・朝鮮からの要人はどうであったろうか。

まず一九一〇（明治四十三）年の韓国併合に至る過程において、両国の外交に深く係

●註十七
伊東市在住村上女史の証言。彼女はここでキャディーをしていたとのこと。この時は、李垠とその妻方子と、次男の幼少の李玖による家族のみだったと言う。なお同ホテルには当時の文書は残っていない。

●註十八
臣籍降下のため財産処分され、ここは一九五〇（昭和二十五）年に約百万円で売却されたが、その面積は〇・九一ヘクタールであった。一九五五（昭和三十）年から伊東公園となっている。

わった伊藤博文の存在抜きには語れない。彼は神奈川県大磯に別邸を持っていたので、ここを経由して熱海などへはしばしば訪れている。

その伊藤は大韓帝国支配のために政府高官の切り崩しとして、李完用を取り込むことに成功する。李完用は韓国併合時の首相であり、その下地となった一九〇五（明治三十八）年の第二次日韓協約（乙巳保護条約）では、学部大臣であったにもかかわらず日本側に与している（註十九）。

写真E　カタナヤ旅館

この李完用が伊東に別荘を持っていた事実がある。場所は現在の伊東市内の「東海館」という旧旅館横に位置する。ここは昭和初期に、「カタナヤ旅館」（写真E）という名で経営されていた旅館のパンフレットにおける記載からわかったものである（註二十）。記載文には、
……元朝鮮總理大臣李完用候の別邸跡で日韓合併當時李完用は茲を根據となし時の内閣總理大臣伊藤公と屢會見し國義に盡しかたはら保養致したる所であります……
とある。おそらく、李完用はここで伊藤の傀儡政権たるべく、条約内容や併合時の政談をしたと考えられる。
李完用について書かれた本には、『一堂紀事』（一九二

●註十九
この協約は、大韓帝国の外交権はすべて日本に帰属するという、いわば日本の保護国化を意味する協約であった。それゆえ李完用は乙巳五賊と呼ばれ、売国奴として自宅を焼かれている。その後、李完用は日本政府から候爵の爵位をもらっている。

●註二十
東海館調査の際に伊東市在住の写真家田畑みなお氏が同パンフレットを見つけた。また竹田信一編『写真集伊東百年』では、カタナヤ旅館の主が玄関脇の門を「日韓併合門」と名づけた談話を寄せている。

七年刊行）がある。そこには当時の彼の日記が掲載され、伊東の新築の別荘に滞在したこと、三島の李垠別邸を訪問したことや、彼が韓国で遭難した後、日本に療養に来た時に伊東の暖香園に宿泊したことなどが書かれている（註二十一）。

李完用以外に韓国・朝鮮から来た要人は見あたらない。むしろ多くの強制連行者が伊豆に来るのである。このことについては次節で触れたい。

他に伊豆から韓国・朝鮮に渡った要人には誰がいるだろうか。

李垠一家は李王朝末期の悲劇の渦中にあり、父高宗、兄純宗の死因は極めて不可解な要素を持つ。その高宗の妻である閔妃は李垠の実母ではないが（兄純宗の母）、彼女も日本人により虐殺されている（註二十二）。高宗の父大院君は、閔妃と反目し、この両者の背景には日本とロシアが控えており、まさに十九世紀末の韓国・朝鮮の状況を映し出している。

この閔妃虐殺であるが、これに関与した人物として三浦梧楼公使（観樹将軍）の名が挙げられる（註二十三）。ここでは虐殺の過程は省くが、中国寄りの閔妃を殺す使命を帯びた三浦は、景福宮に乗り込んで一網打尽にするのである。

帰国後三浦は収監されたものの、朝鮮における日本の治外法権を利用し無罪釈放される。その三浦は晩年の大正期に、熱海の伊豆山に閑居し、政界の御意見番として一役担っていた。

●註二十一
これ以外に伊東の玖須美の温泉や松原の温泉に入ったことも記載されている。

●註二十二
乙未事変、一八九五年十月。

●註二十三
軍人、政治家（一八四六〜一九二六）。山口県出身。明治四十三年枢密院顧問官となり、大正十三年憲政・政友・革新倶楽部の護憲三派成立に尽力する。

彼の詩碑が熱海の来宮神社境内に建っているが、この建立は犬養毅の手によるものであるから、まさに政界との係わりを示すものであろう。また彼は、熱海病院の誘致や熱海線鉄道建設の促進に関与しており、伊藤博文同様、日韓双方で評価の分かれる人物である。

●註二十四
大正十二年八月一五日付、『静岡民友新聞』。

第四節　強制連行

強制連行については、丹那トンネル工事がよく知られている。これは同トンネルの熱海口上にある慰霊碑に刻まれている朝鮮人名から窺い知ることができる（写真F）。

さて、朝鮮人強制連行者が急増するのは一九二二（大正十一）年からである。これは同年「朝鮮人ノ旅行取締ニ関スル件」で渡航が自由化されたためで、その結果県内の労働者は急増することとなった。

この翌年の熱海泉越トンネル工事における坑夫人夫四百五十名中、朝鮮人は二百余名が従事しており（註二十四）、彼らは三島口と熱海口それぞれに住み、十六年の歳月に及んだ丹那トンネル工事を支えた。

こうした朝鮮人観はいかなるものであったか。『静岡民友新聞』や『静岡新報』

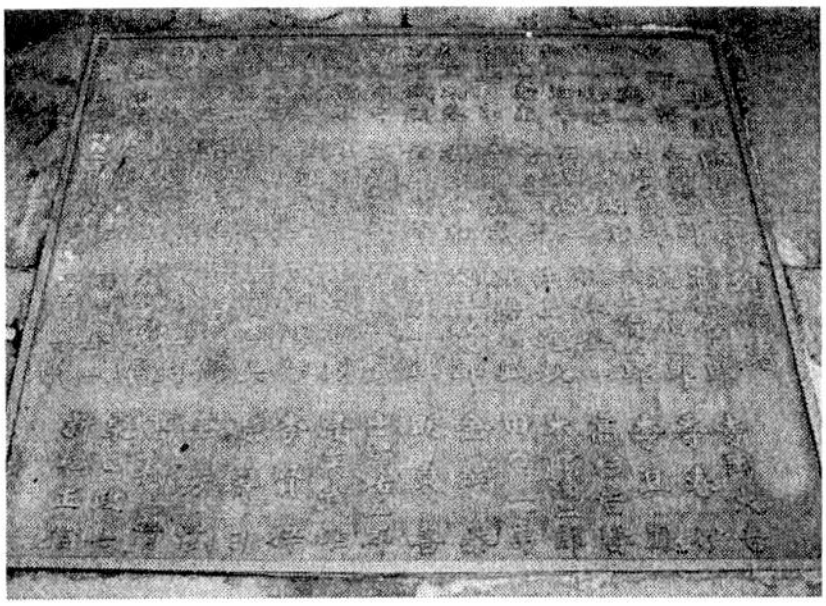

写真F　丹那トンネル殉職碑（トンネル西口）

では、このことに関する記事を載せている。
「低賃金でよく働く朝鮮人」（大正十五年三月一日付『静岡新報』）
これが新聞の見出しである。あるいはまた、
「百数十名の鮮人土工死を誓つて連署血判、日本土工に対抗せんと、十日大会を開いて凝議」（大正十一年九月十一日付『静岡民友新聞』）
とあり、当時の差別観が読み取れる。
また、伊東では川奈ホテル工事に朝鮮人が従事している。
「内鮮人の土工大乱闘、消防組も内地土工に加担し鮮人四名重傷を負ふ」（昭和二年七月十六日付夕刊『静岡民友新聞』）
「電柱に縛り付け鮮人土工を殴打、鎮撫後も不穏気張る」（昭和二年七月十六日付『静岡民友新聞』）
とりわけ後者の記事には、
……日頃から鮮人土工の態度につき快からず思つてゐた青年等が加勢して、大乱闘を演出するに至つた。
とある。
関東大震災における朝鮮人虐殺はよく知られるところであるが、東伊豆においてもまったく同様の捉え方をしていたことがわかる。

李垠は関東大震災の状況について、その実態を把握しているが、この東伊豆の実情についてはいかほどであったのだろうか…。

第五節　結び

伊豆と韓国・朝鮮との関連をとりとめもなく述べてきたが、済州島の人間が東伊豆や下田白浜へ来て天草採集を行った経緯を含めると(註二十五)、各地において今世紀の韓国・朝鮮の人間の営みをいくつか見つけることができる。

第二、三節では、李垠や李完用といった隣国の要人が明治期の帝国主義政策に巻き込まれながら、伊豆に一つの韓国・朝鮮文化を残し、第四節では、丹那トンネルや川奈ホテルが、日本人の朝鮮蔑視観の中で建設されたことについて触れた。

しかしながら、こうした韓国・朝鮮と日本、とりわけ前述したような伊豆との繋がりに対して、我々が極めて認識不足であることに驚かされる。あまりに紹介されることが少ないし、教育現場や様々な場所における掘り起こしも進んでいるように思えない。

筆者が、本章を着手する理由となったのも、勤務先の高校の修学旅行で行き先を韓国とした時の非難の声があまりにも高いことからであった。

そこに潜むものは、親たちから聞き伝えられた韓国・朝鮮への偏見と、学校教育にお

●註二十五
済州島から志摩半島経由の者もあり、志州出身とも呼ばれた。高野史男『韓国済州島』(中央新書)に若干記載あり。

ける無味乾燥なる内容の注入にあった（註二十六）。その凍りついた思考を解きほぐし、改めて韓国・朝鮮の歴史を身近に引き寄せて見直そうとしたのが、本章における調査と資料収集であった。

川奈ホテルでゴルフに興じた李玖氏は、その後アメリカへ留学され、今は七十歳を越えた年齢となっている。氏が韓国に永住帰国する旨が新聞報道されたが（註二十七）、これとても歴史の中で埋もれかけていたことであろう。

伊豆は温泉を中心とした風光明媚な所として有名であるが、要人たちにも同様で、そこは保養地であり、かつ密会の場でもあった。

大韓帝国末期の運命を握る者たちが、伊豆に訪れていたということは、世界史における伊豆の位置を知る上でも、貴重な史実ではないかと思う。

そしてまた三島で、「李王さん」と親しまれた愛称を今一度考えてみる必要があろう。

それは江戸時代に朝鮮通信使として、日本を訪れた朝鮮人たちとの交流によって生まれた祭りなどが今も残っていることと似たものがあり、何か庶民の中に異国のものを咀嚼し伝える心意があったのだろうと推測できるのである。

●註二十六
拙稿「韓国修学旅行と世界史授業」『歴史地理教育No.五八四』参照。

●註二十七
平成八年十一月二十六日付『静岡新聞』。李王家に伝わる伝統文化を次世代に継承するため、李王朝先祖の霊を儒教形式で祀る祭事を行うべく日韓を往復されている。

［第一章●参考文献］

・『静岡縣田方郡誌』（田方郡役所、一九一八年）

・福田淑子「李王世子殿下と三島」『郷土館だよりＶＯＬ９』（楽寿園）
・勝間田泰平『伊豆鏡』（凸版出版復刻、一九一四年）
・金明秀編『一堂紀事』（一堂紀事出版所、一九二七年）
『英親李垠伝』李王垠伝記刊行会（共栄書房、一九七八年）
・竹田信一『写真集伊東百年』（緑星社、一九八一年）
・李方子『流れのままに』（啓佑社、一九八四年）
・李方子『歳月よ王朝よ』（三省堂、一九八七年）
・角田房子『閔妃暗殺』（新潮社、一九八七年）
・小田部雄次『梨本宮伊都子妃の日記』（小学館、一九九一年）
・片野次雄『李朝滅亡』（新潮社、一九九四年）
・加藤好一『再発見丹那トンネル』（伊豆新聞社、一九九八年）
・渡辺みどり『日韓皇室秘話・李方子妃』（読売新聞社、一九九八年）
・本間恭子『徳恵姫』（葦書房、一九九八年）
・森山俊英『豆州歴史通信』第一七八号（一九九八年）
・『静岡県史　資料編19　近現代四』（静岡県、一九九一年）
・森山俊英「李王家と伊豆」『豆州新聞』（二〇〇〇年六月九日～十回連載）

第二章

伊豆を通り抜けた外国人

第一節　はじめに

二十世紀に入るまでに何人の外国人が伊豆を通り抜けていったのであろうか。

古代の渡来人たちは朝鮮半島から国内各地に移り住んだのであろうから、当然伊豆にも来たと考えるのは自然である。

例えば、熱海先の大磯海岸には高麗神社があり、奥には秦野といった地名があることから渡来人が海岸づたいに来ていることが考えられる（註一）。

●註一
太田君男「熱海における帰化人の郷土史」『韓来文化と其の事蹟』李沂東編、韓国史料研究所、一九六四年。

しかしながら、歴史に名を残した外国人は新航路発見に伴う大航海時代（十六世紀）以降に登場していると言える。

三浦按針、オールコックについては別章で触れるのであえて割愛し、戦国時代と言われた中世末期から近世（江戸時代）、さらに近代（明治時代）に至りどのような外国人が伊豆半島を見聞していったのか、とりわけ富士山に対する外国人の関心には強いものがあると言われるが、どのような手記が残されているのか。その際に、近くの住民にはどういう形でお触れが出されたのか……。

江戸時代は鎖国体制が敷かれていただけに、異国人の存在は大変稀有なものであった。また、最近の研究でより掘り下げられてきた「朝鮮通信使」の存在にしても、東海道の行列が住民たちにとってどれだけ負担であったのか、などを紹介していきたい。

第二節　著名人たちの足跡

1　ケンペル

オランダ商館員ケンペル（註二）が江戸参府のために長崎出島を出立したのは、一六九一（元禄四）年のことである。彼はその著『江戸参府旅行日記』の中で、富士山を見た感動を随所に書いている。

●註二
ケンペル（一六五一～一七一六）ドイツの植物学者。一六九〇年オランダ商館医師として来日。二年後日本を去ってアムステルダムに帰り、日本について紹介する。
●註三
ケンペル『江戸参府旅行日記』一五八頁。
●註四
富士山の噴火は一七〇七（宝永四）年の十一月のことで、これにより宝永山ができた。
●註五
前掲書一六〇頁。
●註六
前掲書二〇六頁。

三月十日に興津を出発し、東海道を上りながら途中富士山を見ている。そして次のように記述している。

この山はテネリファ〔カナリア諸島の三七一六メートルの山〕のように信じられないほどの高さがあり、……その姿は円錐形で左右の形が等しく、堂々としていて、草や木は全く生えていないが、世界中でいちばん美しい山と言うのは当然である(註三)。

このような賛辞を述べている。ただし、この時は富士山の噴火の前であることに注目したい(註四)。

この日の夜には三島の宿に着くが、三島大社について次のように記述している。

……有名な神社の一つで、焼けてしまった三島明神という社は、同じように四角の石を並べた敷地に再建されたが、……(註五)

とあり、江戸からの帰りの四月七日付けでは、
ここには有名な神社があり、境内は広大で、四角の石がきちんと敷きつめてあった。またすぐ近くの池には、人によく慣れた魚がいた(註六)。

今日の三島大社は、当時は三島明神と呼ばれていたが、三島本陣(註七)と近いため、要人たちは必ず立ち寄っている(写真A)。

●註七
樋口本陣、世古本陣があった。

写真A　三島大社

2　ツュンベリー

一七七五（安永四）年に来日したツュンベリー（ツンベルグ）（註八）はスウェーデンの植物学者であった。彼はオランダ東インド会社の船医として長崎出島に住み、翌年オランダ商館長フェイトの侍医として江戸参府に随行することになったのである。

この年、四月二十四日の夜遅くに三島の宿に着いた彼は昼間に富士川を船で渡った後、吉原から富士山を真近に見た。翌朝三島宿を出ると箱根路を足で登りながら、様々な植物観察をしている。

なお、三島からは塚原、山中、兜石（註九）を通ったと書かれている。

こうして長崎から江戸まで船と籠での旅であったが、ケンペル時代の使節が通った道とほんの二、三箇所しか違っていなかった。

帰りは五月二十七日に箱根越えをして、その晩三島宿に泊まっている。

ツュンベリーも富士山を見ているが他の者に比べ、驚嘆したような記載は見られない。やはり植物の方に興味があるためかその方面の記述が特に多く見られる。

3　シーボルト

シーボルト事件（註十）であまりに有名なこのオランダ商館の医師は、前者の二人が植物研究が主眼だったのに対し、北方をはじめとする地理学への探究心が強かった。それゆえ出府に際しても、貪欲なまでの調査を行っている。むろんそれは幕府には隠れての

●註八
ツュンベリー（一七四三～一八二二）。スウェーデンの植物学者。日本滞在中、桂川甫周、中川淳庵らに教授、帰国後母国ウプラサ大学の教授となる。

●註九
現在の三島市山中新田で、急な坂道のため将軍が兜を脱ぎ、隣に兜の形にそっくりな石があったという伝承から名づけられる。『東海道膝栗毛』に当地を詠んだ歌がある。

●註十
一八二八年、シーボルト帰国直前に所持品の中から国禁の日本地図などが発見されたことから国外追放になった事件。五八年に日蘭通

ものであったが、彼の日記にはその様子が描かれている。

シーボルトが、オランダ商館長スツルレル（註十一）に随行して、江戸に向かったのは一八二六（文政九）年のことである。

この年の四月六日に、彼は富士山を見る。この時の富士は三分の一が雪におおわれており、彼は次のように言っている。

出羽国の鳥海山がもっと高いと思われるので、富士山は日本でいちばん高い山ではない（註十二）。

どこでこのような知識を得たのかはわからないが、ただ彼自身も富士への畏敬はもっており、
箱根山系の彼方に、そびえ立つ円錐形の富士山を望むすばらしい景色を見て楽しんだ（註十三）。

と、書いている。また翌日には次のように三島大社にも行っている。

われわれはここで大明神社〔今は三島大社と言い、事代主命をまつる〕を見物し、小さい農家のある村や茂った森を通って歩き続けた。この森の中で日本のウグイスの挨拶をうけた（註十四）。

シーボルトは江戸にいる時にも、富士山についての記述があり、
われわれが江戸滞在中、たびたび見た富士は実にすばらしかった。……


商条約が結ばれ解除されたため、翌年再来日した。

●註十一
スツルレルはナポレオン戦争に従軍しており、西洋砲術の先覚者高島秋帆は長崎でこのスツルレルから砲術を学んでいた。

●註十二
山形県にある。標高二二三六メートル。シーボルト『江戸参府紀行』一八〇頁。

●註十三
前掲書一八一頁。

●註十四
前掲書一八一頁。

……円形隆起や尖った峯の形をした山腹の爆発の傷痕が澄み切った大気の中にするどい輪郭を描いて目にはいってくるが、……(註十五)
と、ケンペルの時にはなかった宝永山について言及している。

4　ハリス

タウンゼント・ハリスが伊豆半島を北上するのは、一八五七(安政四)年十一月二十四日のことである。次章で紹介するが、ペリーの条約を締結し、通商条約を迫るハリスに対し、幕府は彼らを下田に逗留させていたのであった。

しかしながら条約調印の目途が立たないと怒ったハリスは、江戸に行って直接談判するしかないと通訳官ヒュースケンを連れ下田柿崎の玉泉寺を発った。

この時下田街道沿いに出された廻状が以下の内容である。

韮山御役所より可差出ら廻状案
近々亜墨利可使節出府ニ付、通行道筋休泊相成候、宿村者非常駆附人足等手当いたし、立退場も兼而最寄ニ而定置可申候
一　家作仮建物等其儘差置不苦、持場限り掃除いたし置く可申候
一　旅人其外往来之もの者留候ニ不及、勝手次第通行為致、尤宿村役人等見計相詰居戸中立留り見物等いたし候もの者、附添之者差図次第相制し、乞食等

●註十五
前掲書二二〇頁。

写真B　慈眼院

道筋江差置申間敷候
一　途中江見物として罷出、或者二階見世先等ニ而事々敷見物いたし候儀、堅いたす間敷候
右之通、御書付を以被仰渡候間、被得其別紙通行筋村々江不浅様可被致通達候
右者奉行衆被仰渡候ニ付申達ス
（安政四）巳九月
（江川文庫・嘉永四年「御触留」より妙録）（註十六）

ここにはハリス一行に対する住民の準備や心得が出ている。そこには街道を清掃し運搬人夫と馬を用意するようにとある。各世帯は自分の家の前の道を掃いておくようにし、緊急時に備え避難場所を用意するなどきめ細かく指示されている。

この時宿屋として梨本村（現河津町）の慈眼院、湯ケ島村（現天城湯ケ島町）の弘道寺、そして三島本陣が選ばれた（写真B、C）。

ハリスが次のように日記に書いていることから、廻状が徹底されていたことがわかる。

……私は、今日私の通った通路（それは道路とよぶことはできぬから）に、周到な注意がはらわれているのを知った。橋は、あらゆる水流の上に架けられ、通路は修理され、藪という藪は通路を明けておくために伐りはらわれていた。

写真C　弘道寺

●註十六
『韮山町史　第五巻下』。

寺では、湯殿と便所が私の専用につくられていて、私を快くするために、万端の注意がはらわれているのを私は知った（註十七）。
しかし、お触れが出されても人々は物珍しく集まったようである。一例として天保・嘉永生まれの古老たちが生前語るところによれば、奥原の神殿あたりでも牛を山に隠して、仕事を放り出して、異人見物にぞろぞろと川合野まで下って来たと言う（註十八）。
さて天城山まで馬に乗ってきたものの、あまりに道が険しいため籠に乗らざるをえなかった。天城の様子について日記には、
天城の山は絲杉、松、樟、その他の樟科植物に属するもの、それに私の知らない名前の多くの木の見事な樹林で覆われている。蘭科植物が豊富で、……（註十九）
と、天城の植生を記述している。そして天城越えをして富士山を見ることとなる。これまで遠く（下田）からは富士を見てきたが、かなり近くなったため次のように書いている。
それは名状することの出来ない偉大な景観であった。ここから眺めると、この山は全く孤立していて、約一萬フィートの高さで、見たところ完全且つ荘麗な円錐体をなして、聳えたっている。……その荘厳な孤高の姿は、私が一八五五年一月に見たヒマラヤ山脈の有名なドゥヴァルギリよりも目ざましいとさえ思われた（註二十）。
富士山をさらに近くに見た感激が伝わって来る。

●註十七
『ハリス日本滞在記下』一〇頁。
●註十八
板垣賢一郎『天城街道』六六頁。
●註十九
『ハリス日本滞在記下』一二頁。
●註二十
ダウラギリ山が正解。ネパールにある。八一六七メートル。以上前掲書一二頁。
●註二十一
天城湯ヶ島町湯ヶ島の弘道寺。他の日本人たちは天城街道の足立本陣に泊まったと思われる。

一行は湯ヶ島に泊まり（註二十二）、翌朝出立した。
湯ヶ島から大仁に北上する下田街道では、次のように日記に記している。

行くにつれて平地がひらけてきた。……平地はちょうど収穫がはじまったばかりの重い稲の穂をもって覆われていた。それは私に、なつかしいオンタリオ州の黄金色の小麦畠を思いださせた（註二十二）。

湯ヶ島から平地が開けてきたとなると、天城湯ヶ島町の門野原あるいは修善寺町（立野）あたりではないかと思われる。現在もここは狩野川をはさんで一面に田畑が広がっているが、下田から天城へ行く途中では収穫時の光景を見ることができなかったのであろう。
その日の午後に、三島に着くが、東海道の本陣があることから久しぶりに賑やかな所に来た感を強くしたと思われる。日記には地震の爪跡が書かれている。

……この町には、亭々たる樹林にかこまれた美しい境内にある立派な神社があった。しかし、それは一八五五年十二月の大地震で、すっかり破壊されてしまった。……そこの

●註二十二
前掲書一三頁。

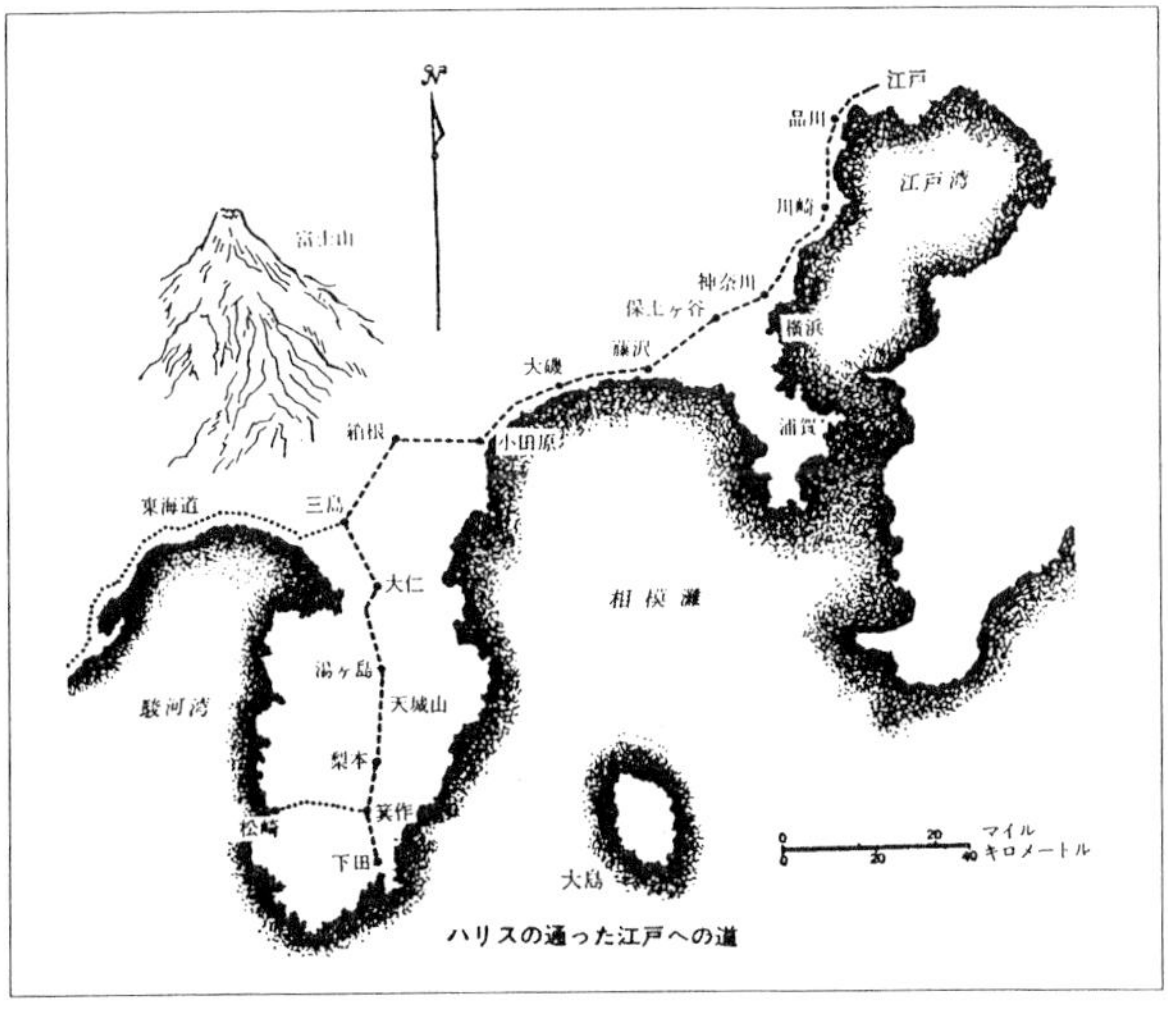

スタットラー『下田日記』より。

神社に、魚の群れているいくつかのきれいな池がある。三層の小さい塔が、地震にひどくゆすぶられたので、ぐらぐらして倒れそうになっている。神域の小さな掘割にかかっている橋までが、境内を囲んでいる石垣とともに、すっかり破壊してしまっている(註二十三)。

一八五五年は安政の大地震と言っているが、ヒュースケンの日記には、「……神殿そのものは三年前の地震で倒壊した」とある。一八五四年の地震はプチャーチンらが被害に遭った安政東海地震であり、一八五五年は安政江戸地震である。前者のマグニチュードは八・四、後者は六・九であり、三島地区は関東に近いとは言え、おそらくこれは一八五四年の安政東海地震によって倒壊したと考えられよう(註二十四)。

この時の三島神社の様子は清河八郎による『西遊草』に次のようにある。

地震の時大破損にて、旅舎など悉く崩壊、目もあてられぬありさまなり、中にも明神は池もあり、山門もあり、尤も東海道にて歴々たる美しき宮なるに、微塵の如くにこわれ、わづか山門及塔のみ建てれど、危き事近よるべからず、石壁・石鳥井も跡かたなしと相成、回復の期何時にあるべきや、尾州熱田などは毛ほど動かぬに、神威もかくほどへだてのあるこそ怪しべき也……

これは安政二(一八五五)年七月二十三日のことであるから、地震の半年後の様子がよく書かれている。

●註二十三
前掲書一四頁。

●註二十四
『三島市誌　増補』でも一八五四(安政元)年の地震による倒壊と記述している。

5　ヒュースケン

ヘンリー・ヒュースケンはタウンゼント・ハリスの通訳官として幕末に米国から来日したが、ここではヒュースケンの日本日記を紹介してみたい。

先に触れた一八五七年十一月二十四日というのは、旧暦の安政四年十月八日のことで、晩秋の時期にあたる。日記には、
杉の木立がようやく深くなって道の両側につづいている。西洋わさび、または野生のかうらが広く一面に生えていた（註二十五）。

とあり、山中の植生が記述されている。

この間、ヒュースケンは歩いたり籠に乗ったりしている。やがて、彼も富士山に目を奪われる。

谷間におりて、天城の山頂に去来する雲から外に出ると、田畑がひらけてくる。やわらかな陽ざしをうけて、うっとりするような美しい渓谷が目の前に横たわっている。とある山裾をひと巡りすると、立ち並ぶ松の枝間に、太陽に輝く白い峰が見えた。それは人目で富士ヤマであることがわかった。今日はじめて見る山の姿であるが、一生忘れることはあるまい。この美しさに匹敵するものが世の中にあろうとは思えない（註二十六）。

富士山を見た感動が綴られている。

●註二十五
『ヒュースケン日本日記』一八四頁。

●註二十六
前掲書一八五頁。

ヒュースケンの感激はまだ続く。

私は感動のあまり思わず馬の手綱を引いた。脱帽して、「すばらしい富士ヤマ」と叫んだ。山頂に悠久の白雪をいただき、縁なす日本の国原に、勢威四隣を払ってそびえたつ、この東海の王者に久遠の栄光あれ！　並ぶものなきその秀容はねたましいほどだ……（註二十七）。

他の外国人たちも一様に富士山を称えているが、ヒュースケンの記述はかなり詳細にわたっている（註二十八）。

翌日には天城から修善寺、そして三島へと行路をたどった。日記には次のような記載がある。

日暮れ頃、三島に着く。……半時間休憩した後、ミヤ〔三島神社〕を見にゆく。歩いて行ったが、道の両側はたいへんな人だかりだった。この神道の社殿の境内は非常に広く、両側に大きな樅の木のある小径が通っている。境内の入口には三階建ての朱塗りの塔、つまり木造のパゴダが二基、建ててある（註二十九）。

道の両側の人だかりとは、二人の異人を一目見ようと住民が集まったものであろう。

6　ロッシュとアルミニヨン

レオン・ロッシュ（註三十）はフランスの外交官で、一八六四（元治二）年に日本に来た。終始幕府側に立ちイギリスと対抗した。

●註二十七
前掲書一八六頁。
●註二十八
スタットラーは、その著『下田物語 下』で、「ヒュースケンは、富士の美しさにはほとんどお手上げの状態となる」と記述している。
●註二十九
『ヒュースケン日本日記』一八八頁。
●註三十
ロッシュ（一八〇八〜一九〇一）。フランスの外交官。徳川方の顧問となる。

ロッシュについては『熱海市史』に紹介されており、これは網代村（現熱海市）の名主であった岡本善左衛門がロッシュの網代逗留記録を書き留めてあったことから彼の熱海での動向がわかったものである。

ロッシュは一八六六（慶応二）年五月にキエン＝シャン号という船で網代港に入港し、持病のリューマチ療養のために温泉湯治している（註三十一）。網代は今でこそ小さな漁村であるが、江戸時代は「京、大坂に江戸、網代」というくらい港として栄えた所（廻船の風待ち港として栄えた）で、それゆえここの港に投錨したのである。

ロッシュは網代滞在中に、水兵を連れて沿海を遊船したり、下多賀神社へ出向いて射撃をしたりしている（写真D）。

時には、「夕陽、必酒宴催シ、ヲルゴール・管絃、ミニストル声ヲ発シ、又ハ婦マダンム大声激音ヲ発シ……」とあるから、おそらくオペラ調で唄ったとも考えられる。その音楽性がわからない当時の日本人にはさぞかし騒音に聞こえたことであろう。ともかくロッシュは夫人も含めて、日本におけるバカンスを満喫した。

やがてその一週間後には、イタリア使節のアルミニヨンを乗せた軍艦マジェンダ号が網代湾に入り、ロッシュとの面会を求めている。

この様子は、アルミニヨン著『イタリア使節の幕末見聞記』に書かれており、これによればロッシュはボートに乗って出迎えに来ている。アルミニヨン一行はフラ

●註三十一
一八六五年夏にもロッシュは網代に湯治に来ている。

写真D　下多賀神社

ンス国旗を掲げ、礼砲を放ち歓迎した。

日本が開国し、外国が通商条約を結びに続々とやって来るわけであるが、この当時イタリアという国がどういう国であったか考えておく必要があろう。

イタリア王国が成立したのは、これより五年前の一八六一（文久元）年のこと。この頃は未回収のイタリアと言われた地域の統合を急いでおり、それゆえ国際的地位を高めるのに必死の時期であった。来日前年、イタリアでは蚕の病気が大流行し、北部特産である絹の生産が大きく減少した。このため生産者たちは政府に日本からの蚕卵紙の輸入を要求したのであった（註三十二）。

当時の日本の輸出品では蚕卵紙や生糸が主要産品であった。

さてアルミニヨンは上陸後海岸伝いに谷間を北上し、熱海に行っている。目的は温泉訪問で、間歇泉にさっそく出向きその様子を以下のように伝えている。

……はなはだ珍しい現象が見られる。一日に六回から八回噴出し、一回に三ないし四立方メートルの湯が湧出する。初めに、地底で鳴動が起こり、次第に激しさを増してゆく。やがて、熱湯と蒸気との混じった柱が噴き出し始める。……

（その勢いは初めは弱いが、徐々に激しくなり、ついには蒸気船の排気管から噴出する蒸気にも劣らないほどの勢いとなる。十五分から二十分もたつと、噴出する力は次第に弱まり、今度は熱湯だけがこんこんとあふれ出す。その間に、熱湯は用意

●註三十二
加藤好一「幕末の網代・フランス公使館」『熱海新聞』（二〇〇一年八月二三〜二七日付）。

された溜め桶の中に汲みとられる。ほどなく、噴出はやみ、すべてが元の状態に返る）（註三十三）

熱海だけでなく、網代の湯についての効用も記述されている。

また当時アルミニヨンは、フランス公使のロッシュと夕食をともにし、内外の情報交換をしているが、次のように政情分析を行っている。

大君は相変わらず大坂にあり、長州との戦いを続けていた。しかし、この戦いは日本の運命にそれほど直接の影響をもたらすものではなかった。……この幸福な国では、戦いの技術が忘れさられてしまったのだ。…この頃、御老中は相変わらず二派にわかれていた。一派は江戸にとどまり、他の一派は大君とともに大坂にあった（註三十四）。

フランスとイタリア双方の使節の会談は、実は網代にて行われ、日本の国情を把握するとともにロッシュからアルミニヨンへの援助が約束されたのであった。

七月十六日には、日伊通商条約が結ばれるが、網代会談がいかに交渉をスムーズにさせたかがわかる。

なお、アルミニヨンはロッシュの網代滞在中も彼らの様子を記述している。

網代には大名も武士もいなかった。……住民は西洋人と掛かり合いになることを非常に恐れており、ロッシュ氏の風呂に水を運ぶのを人足たちが拒むことも時々あっ

●註三十三
アルミニヨン『イタリア使節の幕末見聞記』四四頁。
●註三十四
前掲書四二頁。

た（註三十五）。

そしてまた、自らに対象を向けると、

……村人たちの好奇心を何よりもそそったのは、われわれの服装、……この村では、一人のヨーロッパ人女性が、うるさいくらいの称賛の的になっていた。彼女の庭の柵の際には、物見高い人々の群れが一日中ひしめいて、彼女の姿に見入っていた（註三十六）。

と網代村民の様子が伝えられている。

以上1～6において、富士山に関する記載がかなり多い。霊峰富士は日本を代表する山として外国人たちにも格別の印象を与えて来たことがよくわかる。

噴火前の富士山については、ケンペルのみならず戦国時代から江戸初期に来たヨーロッパ人たちも見ていることであろう。ヴィルマンは一六五二年の江戸参府の際に富士山を見ており、非常に高い山という感想を述べている。

また三島宿となった樋口本陣、世古本陣は現在の三島市本町にあり、ここから五百メートルほど東に三島大社（三島明神）があるため、彼らは東進の折に必ず立ち寄っている。

ロッシュ、アルミニヨンは外国人の熱海の温泉湯治の先駆けで、明治時代以降になる

●註三十五
前掲書四〇頁。

●註三十六
前掲書四一頁。

とドイツの医者ベルツや、清の政治家康有為といった要人たちが訪れるようになった。

第三節　朝鮮通信使

江戸時代における朝鮮通信使の研究は近年とみに盛んになり、多くの人たちにその存在が知られるようになった（註三十七）。ここでは、通信使の伊豆における様子（三島～箱根間）を紹介する。

朝鮮通信使とは、十六世紀末、豊臣秀吉による朝鮮出兵（壬辰・丁酉倭乱）後、国交回復のための戦後処理の挨拶であり、当初のうちは日本の使節への回答兼刷還使（捕虜の送還）と言い、その後は通信使となった。

豊臣秀吉の評価は伊藤博文と並び、日韓における評価の違いはあるが、ここではそれを論じる前に、壬辰・丁酉倭乱の日本へ来た捕虜のことに触れておく必要がある。彼らの果たした役割は大きく、焼き物技術や銅版印刷技術は日本に大きな影響をもたらした。

通信使は都合十二回にわたり、朝鮮使節の『海槎録』や『海槎日記』などに書かれた記録から当時の様子を知ることができるが、市町村史（誌）の中にもいくつか史料を見つけることができる。

一回の通行は五百人近くに及び、これを迎える幕府側にとっては一大行事であった。

●註三十七
二〇〇一年の東海道四〇〇年祭（静岡県）では朝鮮通信使行列が企画されている。また北村欽哉氏が静岡県内を精力的に研究した『馬上才（静岡県の朝鮮通信使）』がある。

伊豆を通過することは、三島の宿から箱根峠を越えて箱根の宿を往還するわけであるが、伊豆人にとってはその際の助郷がこの上もない負担であったことは間違いがない。助郷とは、宿場駅常備の人馬の不足を補充するために近傍の農民が伝馬・人夫を提供させられたことで、十里以上までがその範囲とされたため伊豆半島住民にもその負担は当然かかってきた。

『伊東市史　資料編』には、次のような史料が載っている。

「伊豆東浦組之内十四箇村惣代上申書寫　乍恐書付を以申上候
一、當申年朝鮮人來朝ニ付、去ル延享年中御入用御役勤方之儀、御尋被遊候ニ付、三嶋宿助郷人馬高役ニ而相勤申候、此度相州酒匂川船橋音用相勤候村方ハ、半高懸りニ右人馬相勤申候、并三嶋宿御泊、箱根宿御林御入用魚鳥・野菜猪鹿代、高百石ニ付永百五拾三分七分壹厘、有高ニ而上納仕候、
一、働人足賃之儀、延享之節高懸り代永御請取書ニ、魚鳥・野菜・猪鹿代と有之、働人足賃之譯相見江不申候得共、高百石ニ付、永百五拾三文七分壹厘之内江籠り候儀と被存候、是又働人足賃之儀ハ相知レ不申候、
一、上多賀村・下多賀村・宇佐美村・湯川村・松原村・和田村此六ケ村ハ、半高懸りニ人馬相勤申候、但シ三嶋宿拾里内之村ニ付、人馬役相勤申候、
一、竹之内村・岡村・鎌田村此三ケ村ハ、本高懸りニ人馬相勤申候、但シ、三嶋宿

十里内之村ニ付、人馬役相勤申候、
一、荻村・十足村・池村・富戸村・吉田村此五ケ村ハ、延享年中人馬役相勤不申候、
但シ三嶋宿拾里外之村方ニ付、人馬相懸り不申候、
右之通延享年中相勤申候、代永之外ニ何ニ而も高懸り國役等相勤候儀、無御座候、
以上……寶暦拾四甲申年四月……江川太郎左衛門様……（註三十八）

これは、当時の伊東の名主たちが幕府代官である韮山の江川太郎左衛門宛てに出した書状である。文中の注釈として、延享年中とは一七四八年で、第十回目の来朝にあたる時であり、最後にある宝暦十四年とは一七六四年（第十一回目）である。また高懸物とは、村高に応じて賦課された付加税の総称である。

さて、以上の文を読むと、いくつかの村の名が見られるがいずれも今日の伊東市の地区名である（図A）。冒頭では三嶋宿の助郷として人馬を提供していることがわかり、神奈川県の小田原にある酒匂川の舟橋のための舟を

●註三十八
「伊豆東浦組之内十四箇村物代上申書寫」。

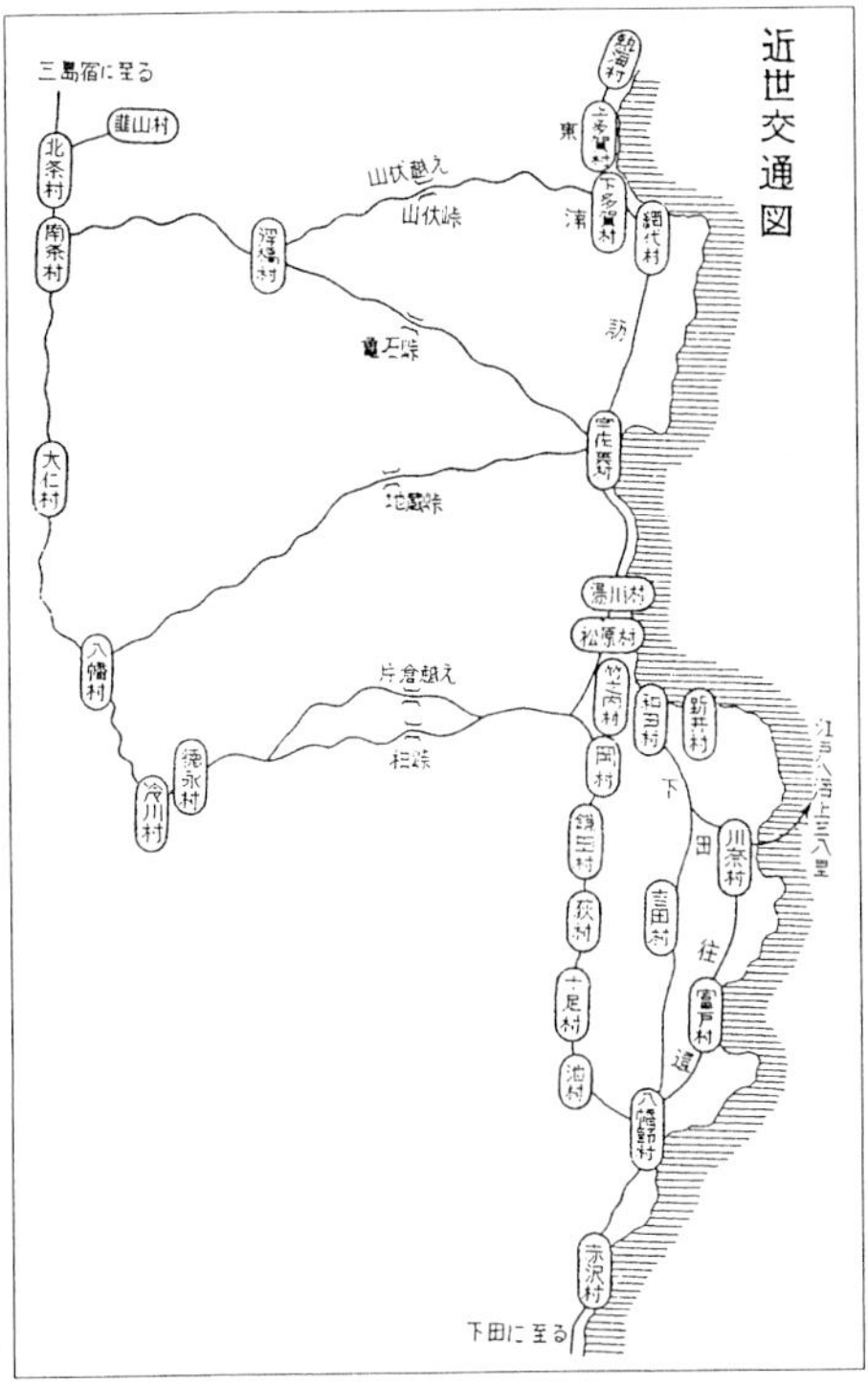

図A　伊東の朝鮮通信使助郷（『伊東市史』より）

提供する時は半高懸りになっている。大名行列にすら橋をかけなかったが、さすがに朝鮮・琉球使節には舟による橋をかけ通行させた（図B参照）。

ここで注意したいことは、伊東という場所が三島から十里の境界上にあるという点である。すなわち、
○竹之内村・岡村・鎌田村　～　本高懸り
○（上多賀村・下多賀村）宇佐美村・湯川村・松原村・和田村　～　半高懸り
○荻村・十足村・池村・富戸村・吉田村　～　負担なし
（上多賀村と下多賀村は現在の熱海市に含まれる）

このように、場所によって負担内容が違っている。この他伊東には新井村があるが、新井村では肴役を負担したので、酒匂川舟橋役は免除されている。

先の舟橋についてであるが、伊東より酒匂川に熱海の史料を見るとさらに具体的になってくる。『熱海市史　資料編』には関連した古文書を掲載している。「善修院文書」の「網代村差出帳下書」がそれにあたる。
一、御上洛歟又ハ朝鮮人来朝之節者、網代村計人足出し不申候、酒匂川舟橋之掛も御肴御用相勤候故、右嶺両用共ニ御免被下候、
また、「聞間家文書」の「諸用留」には、

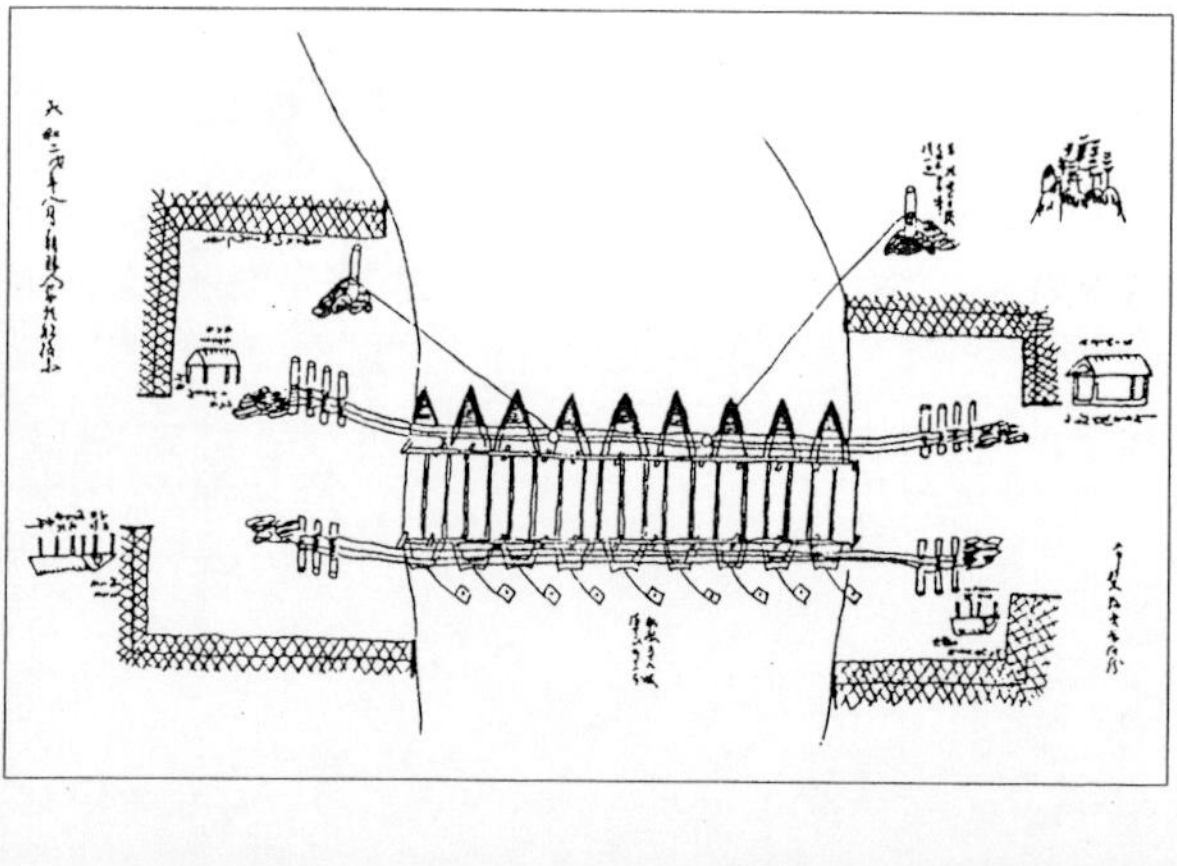

図B　朝鮮通信使船橋図（『富士市史』より）

一、御上洛か又ハ朝鮮人来朝之節は、當村計人足出不申候、酒匂川船橋之掛も御肴御用相勤申候故、右両用共ニ御免被下候、尤右御用相済候上ニ而、小田原・箱根・三嶋右三宿江持送候、人則賃銭・御肴代被下置候、
とある。

第二節6項でロッシュの滞在した網代村では、朝鮮通信使が宿に逗留する際の御馳走（賄役）を負担するため、酒匂川の舟橋は免除された。

ここより遠い下田はどうであったか。『下田年中行事』には次のように載っている。

……豆州賀茂郡下田町之儀海上第一之御要害御固之場所ニ御座候故右来朝浦固メ御用下田御場所ニ而相勤候ニ付三嶋宿諸人馬酒匂川舟橋等古ゟ相勤不申候正徳四午年来朝之節御代官小林又左衛門様久保田長五郎様御吟味之處下田ニ而来朝浦固仕候申上候ニ付三嶋宿賄酒匂川舩橋等両御用共ニ相勤不申候……

延享四年卯六月　豆州下田町名主……（註三十九）

これは名主、年寄がこれまでの過去のいきさつから下田は海上警備が重要であり、三島宿の賄や酒匂川の舟橋は免除してもらったことを手代に出した書状である。

伊豆の東海岸から南伊豆を見て来たが、三島宿に近い所ではどうであろうか。『韮山町史第五巻』では、同町にある長崎村の「土屋家文書」に「朝鮮人来朝につき委細書上帳」が記載されている。御廻状之写しには以下のようにある。

●註三十九
『下田年中行事巻之四拾六』朝鮮人来朝のこと。

当春朝鮮人来朝参向帰国、三嶋宿泊并箱根宿休御賄御入用魚・鳥・野菜・猪・鹿代
働人足賃共ニ、三嶋宿分高百石ニ付永弐百六拾六文八分七厘九毛　箱根宿分高百石
ニ付永百弐文弐分弐厘六毛ツ、高通リ取定上納可致旨被渡候間、得其意来ル八月十
五日限リ持参可相納候、此廻状村下致印形、留リ村ゟ可相返候、以上
明和元年申十一月
江戸《ママ》太郎左衛門　韮山　御役所
（略）

これは、明和元年（一七六四年）の第十一回目の通信使来日時のものである。

人馬だけでなく賄役として、魚・鳥・野菜・猪・鹿がその対象となり、三嶋宿だけでなく、箱根宿も含まれたことがわかる。

通信使一行の食事は豪勢なもので、三汁十五菜の膳が出されたと言うから、一汁一菜といったつつましい生活をしていた庶民には及びもつかないような料理であったろう(註四十)。

一七六四（明和元）年の通信使正使であった趙曮は細かく日記をつけており、『海槎日記』の中で富士山についてやはり次のように記述している。

北方に在る富士山を仰ぎ見ると屹然と中天に聳え、……形が水から出た芙蓉のようなので、其れは芙蓉峰の名を得るに相応しいものであった。……山の形態は静淑の気は無くても、大きな図体は肥大であり重厚なので、富士と名付けることが相応し

●註四十
一例として三汁はすずき火とり皮（葛すいとん・くわい・みそ）、鯛つみ入（しいたけ・せり・すまし）、たら（かぶ・ねぎ・すまし）、十五菜は鯛やき、かすていら豆腐、香のもの、鮭つけ焼き、きじつけ焼き、かもなます、かも杉焼き、あられ豆腐、巻するめ、あわび醤油煮、風呂ふき、たら煮、ひらめ差躬、しきつぼ（柚みそ）、鶏串焼き（以上東京書籍『目で見る朝鮮通信使—善隣友好の歴史—』を参照）。これにごはんがついた。

く、また日本第一の主鎮と為すべきであり……

通信使も東西を問わず富士山には注目し、書き留めている。

朝鮮通信使の研究が進むとともに、昨今の中・高校の教科書にもその記述量が増加していることは、江戸時代の鎖国体制史観の見直しともなり、日本がオランダ・中国以外にも世界と交流していたことを物語っている。そしてまた為政者レベルだけでなく東海道の寺の扁額に書かれた朝鮮通信使の筆跡に見られるよう、民間レベルにも交流があったことを記憶しておかなくてはならない。

第四節　結び

標題にもあるように、本章ではあくまで伊豆半島を通り抜けた外国人という切り口で追ってみた。むろんハリスやヒュースケンのように下田に滞在した例もあるが、彼らはまさしく初めて伊豆を縦断した外国人であり、その多くは東海道を横断するか港への立ち寄りであった。

こうしたわずかの間に、彼らは驚くほどの観察力で日本という国を見、肌で感じながら自らの日本観を育てていった。

これに対し、幕府は細心の注意を払いながらできるかぎり人々の目に届かない所に置こうとするものの、かえって人々に異国の存在を感じさせたものと思われる。

そこには外国の要人と助郷で駆り出された者とその他多くの民衆によって構成される、出演者と裏方と聴衆という舞台が展開されたのである。

しかし、誰もがこれほどまでに富士山を意識していたことに驚きを覚える。次章で述べるオールコックがどうしても富士登山をしたかったのがわかるような気がする。

そのオールコックはロッシュとともに、伊豆における湯治客のはしりとなっている。

現在の伊豆は富士・箱根・伊豆国立公園の一つとして風光明媚な景観を見に訪れる観光客は多いが、それはあくまでも旅の通過点にすぎない。欧米の観光地のように長期滞在する者は近年めっきり減ってしまった。しかしながら、一昔前までは政治家や文人たちが湯治客として長期滞在する地であったのである。

この中では伊東市、熱海市が一九五〇（昭和二十五）年に〝国際文化温泉都市〟の指定を受けた。熱海市はイタリアのサンレモ市、ポルトガルのカスカイス市と、伊東市はイギリスのジリンガム市、イタリアのリエティ市と姉妹都市の提携を結んでいる。

伊豆のどの市町村でも、国際化と温泉文化を街づくりの一つのテーマとしているが、伊豆半島を歩いた外国人の感じた日本の姿を今一度吟味する必要があるのではないか。

〔第二章●参考文献〕

・『ハリス日本滞在記下』（坂田精一訳、岩波書店、一九五四年）
・『伊東市史』（伊東市史編纂委員会、一九五八年）
・『伊東市史 資料編』（伊東市史編纂委員会、一九五八年）
・李沂東編『韓来文化と其の事蹟』（韓国史料研究所、一九六四年）
・『熱海市史 上巻』『熱海市史 資料編』（熱海市史編纂室、一九六七年）
・シーボルト『江戸参府紀行』（斎藤信訳、平凡社東洋文庫、一九六七年）
・平井平次郎『下田年中行事』（長倉書店、天保十四年、一九六九年復刻）
・板垣賢一郎『天城路』（長倉書店、一九七〇年）
・『セーリス日本渡航記・ヴィルマン日本滞在記』（村川堅固・尾崎義訳、岩生成一校訂、雄松堂、一九七〇年）
・ケンペル『江戸参府旅行日記』（斎藤信訳、平凡社東洋文庫、一九七七年）
・板垣賢一郎『続天城路』（長倉書店、一九七九年）
・O・スタットラー『下田物語　下』（金井圓訳他、社会思想社、一九八三年）
・『三島市誌　増補』（三島市、一九八七年）
・アルミニヨン『イタリア使節の幕末見聞記』（大久保昭男訳、新人物往来社、一九八七年）
・『ヒュースケン日本日記』（青木枝朗訳、岩波書店、一九八九年）
・『韮山町史 第五巻下』（韮山町史編纂委員会、一九九一年）
・深澤渉『静岡人物誌』（静岡新聞社、一九九一年）
・C・P・ツュンベリー『江戸参府随行記』（高橋文訳、平凡社東洋文庫、一九九四年）
・趙曮著・若松實訳『海槎日記〈日記篇〉』（日朝協会愛知県連合会、一九九五年）
・北村欽哉『馬上才（静岡県の朝鮮通信使）』（私家版、一九九七年）
・『静岡県史　通史編4　近世二』（静岡県、一九九七年）

・鳴岩宗三『幕末日本とフランス外交』（創元社、一九九七年）
・加藤好一「幕末の網代・フランス公使館」『熱海新聞』（二〇〇一年八月二十三日付）

第三章

オールコックとハリス

伊豆における外交官の側面

第一節　はじめに

ペリーが黒船に乗って砲艦外交を行ったのは、嘉永から安政に変わった一八五四年のことであり、これにより日米和親条約が調印され、鎖国外交に終止符が打たれた。

その後、初代駐日米国総領事として来日したのがタウンゼント・ハリスであり、さらに初代駐日英国総領事と来日したのがラザフォード・オールコックであった。

ハリスは一八五八（安政五）年に日米修好通商条約を結んだことでその名が知られて

いるが、オールコックについての記述は、中学・高校の歴史の教科書においては意外に少ない。

むしろ彼の後を引き継いだパークスの方がよくその名が知られ、ハリス後の対日外交はこのパークスやフランスのレオン・ロッシュによって展開されていったと言っていいだろう（註一）。

しかしながら、ハリス後のオールコックの存在は極めて大きく、今一度捉え直す必要性があるのではないだろうか。

既にハリスについては、第二章で述べてはいるが、彼の著『日本滞在記』とオールコックの著『大君の都』を対比しつつ、伊豆における彼らの動きと対日外交について確認してみたい。

第二節　伊豆におけるハリス

ハリスの『日本滞在記』によれば、彼が伊豆下田に入港したのが、一八五六（安政三）年八月二十一日のことである。

彼は通訳官ヒュースケンとともに、下田・柿崎の玉泉寺で起居しながら、江戸への出府を待つものの（註二）、条約の調印を引き延ばそうとする幕府側の策に遭い、一八五七

●註一
ちなみに山川出版社の『詳説日本史』では、ハリスもパークスもゴチック体であるが、オールコックについては、脚注として博覧会への出品と関連して扱っている。

●註二
日米和親条約第十一条では、両国政府においてよんどころない状況が生じたら両国合意の上で米国総領事が置かれることとなっていたにもかかわらず、アメリカ側はどちらか一方と解釈してきたためで、日本側は帰国させたかったのである。それゆえ実際に江戸に着いたのは、一八五七年十一月三十日であった。

●註三
『日本滞在記』から引用。

(安政四)年十一月二十三日に出発するまで、実に一年と二カ月以上下田で待たされたのである。

この間、彼の日記を読むと奉行たちとの腹のさぐりあいをしながらも、地元下田の人たちの様子を克明に観察し書き込んでおり、日本人の文化的側面の分析がなされている。とりわけ幕府官僚に対しては、手厳しい書き方をしているのであるが(註三)、一般地元民に対しては暖かい目でみている(註四)。

この下田滞在期においては、日米修好通商条約を結ぶことはできなかったが、その事前交渉として、日米和親条約の見直しや、かつてのオランダとの交渉内容の確認を行いながら、新たに「下田条約」を調印している。

この内容は、長崎港の開港や、開港場におけるアメリカ人の居住権、日米貨幣交換率の制定、総領事の国内の自由通行権などを取り決めたものであった(註五)。

ハリスの日記を読むと、通詞《つうじ》の森山栄之助(多吉郎)(註六)と幾度か会談をしていることが記載されているし、調印に立ち会った井上信濃守(註七)の名は出ているが、目付の岩瀬忠震《ただなり》の名は出ていない。実際彼はこれ以前から交渉の席についていたわけであるが、その名が日記に登場するのが一八五八年一月十八日の時からである。

その岩瀬についてであるが、日米修好通商条約調印(註八)の裏で、彼の果たした役割は大きく、通商消極派が多数を占める中、この頃から江戸・横浜経済圏の確立を考える

一八五六年九月十日「…日本人の策略」、一八五七年三月十日「…日本人の嘘になれ切っている私をさえも驚かせるような…」、一八五七年四月二十九日「…彼らの二枚舌と内容を変えようとする不断の努力の…日本人が平気で嘘をつくことの見本として…」など。

●註四
『日本滞在記』から引用。一八五六年九月一日「…この国の住民は親切な性質をもっていて、外国人との交際を望んでいることはあきらかである。…」、一八五六年十月二十九日「…日本人は清潔な国民である。誰でも毎日沐浴をする…何事にも間違いのない国民が…」など。

写真A　牛乳の碑

など開明的な目をもっていたからである。ところが、彼を論じる書物は意外に少なく、高校の教科書での取扱いも小さい（註九）。江川英龍が開明派として反射炉建設や海防論が説かれたが、貿易という視点で見ていた人間が少なかっただけに岩瀬の存在は貴重である。

さて、ハリスは下田においてどのように過ごしていたのであろうか。

居住地域の柿崎について日記の中で、

「……小さくて、貧寒な漁村であるが、住民の身なりはさっぱりしていて、態度も丁寧である。……不潔さというものが、少しも見られない。彼らの家屋は、必要なだけの清潔さを保っている。……」

と、当初から好意的な目で見ていた。

ハリスは自分の健康に神経過敏であり、しばし体調を崩している。また唐人お吉のモデルとなったきちもこの時分に来た経緯はあるが、ここでは省略したい。むしろ当時を物語る碑について紹介したい。

ハリスの居住した玉泉寺には三つの碑があるが、これを読むといくつか生活の断片が

●註五
一八五七年六月十七日調印。九ケ条からなり、後日オールコックはこの条文をもとに富士登山を実現している。

●註六
ペリー来航時の通詞、二度目の時は主席通詞としてオランダ語を介して通訳する。既にマクドナルドを通じて英会話も会得していた。

●註七
プチャーチンとの交渉相手をした勘定奉行川路聖謨の弟。

●註八
一八五八年一月二十五日から談判に入り、二月二十五日に終了し、七月二十九日に調印された。

読み取れる。一つは米国総領事旗掲揚碑であり、あと二つは牛乳の碑（写真A）と史蹟牛木供養塔（写真B）である（註十）。

牛乳は江戸時代の漂流民たちが、海外で飲んだ時には美味に感じられたものの、乳搾りの場面を目撃して飲めなくなるなど、四つ足の動物を食用とすることへの嫌悪はかなりのものであったが、ハリスは意に介さなかった。碑は次のように刻んでいる。

「……安政五年（一八五八年）二月米国総領事タウンゼント・ハリスは政務多忙を極め病床にありました。侍女お吉はハリスが牛乳を欲するのを知り禁を犯して下田近在から和牛の乳を集めハリスに毎日飲せたということです。その時ハリスが十五日間に飲んだ九合八勺の牛乳の代価が一両三分八十八文之は米三俵分に相当したといいますから当時牛乳が如何に高価で貴重なものであつたかが分かります。このことが日本における牛乳売買の初めといわれます。爾来百余年牛乳は現在重要な国民栄養食糧として年生産一千余万石に達し酪農事業は重要な国策となりました。乳業の発達は国富の充実と共に前途益々洋々たるものがあります……」

写真B　日本最初の屠殺場の跡

●註九
ちなみに山川出版社の『詳説日本史』では脚注にてその名が出ている。また松岡英夫著の『岩瀬忠震』が参考となる。
●註十
三基とも下田市柿崎の玉泉寺にある。米国総領事旗掲揚碑は一九二七（昭和二）年に渋沢英一らが建てたもので、その由来が記されている。また牛乳の碑は河野一郎書、森永乳業社長の手により一九六二（昭和三十七）年建立されたものである。もう一基の史蹟牛木供養塔は、一九三一（昭和六）年建立のもので、ハリスが麻布の善福寺の公民館に移る際、本堂の傍らの仏手柑の木に繋いで屠殺した時の

これによればハリスが日本で最初に牛乳を売買した人間ということになろう。これは条約締結以外に、彼の日本における存在を示す格好のものである。

また食については、これらの碑だけでなく、鶏や卵を買ったことや、猪のハムを作ったことが日記に出ている。

なお、最初の江戸への出府は陸路伊豆天城を越えて歩いたがこれは第二章で述べたとおりである。条約締結後は海路で下田と江戸を往復している。


ものて、大正の初め頃に枯れてしまったと言う。

第三節　伊豆におけるオールコック

オールコックが来日したのは、今から百四十年ほど前の一八五九（安政六）年のことで、ハリスに遅れること三年であった。

彼は駐日英国総領事として着任し、翌年駐日公使となったが、ここに至るまでは清国の領事であった（註十一）。この時の清国はアヘン戦争に敗れたばかりで、南京条約締結後の居留地開設に彼は東奔西走した。清国での実績から引き続き極東の国をということで赴任して来たのだ。

1　富士登山

外国人で最初に富士登山をした人物は誰か？　という質問に答えられる人は案外少ない。

●註十一
領事は条約を結んでいる相手国に駐在して、通商を保護・奨励し、在留自国民の保護・取り締まりをする官職。公使は外務大臣の監督・訓令を受け、条約国に駐在して自国を代表する大使につぐ外交官。

第二章でも記述したように。江戸時代のオランダ商館長たちは、江戸への参府の際に必ず富士山を見たし、シーボルトも同様であったが、彼らはこのフジヤマを畏敬し、誰もが記録にとどめている。

オールコックがなぜ富士山に登ろうとしたのかは、彼らとまったく同様の理由で、富士山は神秘なるものであり、日本人の信仰の解明でもあったと思われる。それは、彼の日記のこの章題が、「富士山への巡礼」となっていることからもわかる。そしてまた、著書の中に次のようなくだりがある。

「……『外国貿易の急激な需要のために生じたあらゆる物価の高騰によって、国内は不安定な状態にある』という閣老たちのつね日ごろの出張にははたしてなんらかの根拠があるのかどうかということを自分じしんでたしかめたいとねがっていたのだ。……」(註十二)

彼自身の目と耳で直に知りたいという欲望が許さなかったと言えよう。

しかし幕府側は抵抗し、富士巡礼は慣習的に下層階級のものであるからという理由で反対していたのであった(註十三)。

むろん彼は、日英修好通商条約の第一条を楯に、国内の自由旅行の権利を主張した。しかしこの年、すなわち一八六〇(万延元)年が庚申の年にあたっていたことで、普段禁制の女人登山が許された時期と重なっていたことが、登山許可を助長したと言えよう

●註十二
『大君の都　中』、第二十章。
●註十三
富士講の道者。

絵1　富士登山（『大君の都』から）

（註十四）。実際富士信仰者にとって庚申縁年ということで富士吉田口から二万二千七百人余りの登山者があった（註十五）。

さて、彼が富士登山のために神奈川を出発するのが、その万延元年の九月四日（旧暦七月十九日）のことであった。

写真C　オールコック富士登山碑（富士山新五合目登山口）

『富士宮市史・上』では、浅間大社門前の大宮町（富士宮市）で代々造酒屋を営んでいる枡屋（横関家）の『袖日記』をもとに登山の行程について章立てして記述している。

オールコック一行は東海道を歩き吉原の宿（現富士市）に宿泊し、九月九日（旧暦七月二十四日）に大宮町に立ち寄っている。このあたりの廻状は韮山代官所から出され、代官所手代が監視に来ている（註十六）。

大宮町での様子は、『袖日記』には、

「異人等ハ浅間社を拝せずす通り也……異人せい高く　顔色童の如く　ヒケ赤きもあり　黒きもあり　互ニくるひたわむれる　足ハ甚歩行早し　皮くつ也……」

●註十四
庚申会の祭は仏教の帝釈天・青面金剛などの信仰と道教とが混同したもので、庚申の夜に人の罪過を帝釈天に告げると言われる。

つまり浅間神社は立ち寄らなかったのであろう。またそこには外国人の身体の様子などが観察されている。

その日は富士山登り口近くの村山の僧院大鏡坊（富士宮市）に泊まった。オールコックはここで日本の風呂や蚊帳について感心したようで、『大君の都』でこの様子を書いている。

そしていよいよ九月十日（旧暦七月二十五日）に絵1のように登り始め、山頂で二泊している。一行を案内したのは山伏や山の男（強力）たちで（註十七）、オールコックは途中高山植物や野生動物へかなり興味を注いでいるが、これはシーボルトの観察風景とよく似ている（写真C）。

このあたりの中で残されている記録として、「旧大鏡坊富士氏文書」があり、人馬の調達に難儀をしたことや賃金についての書状が残されている（註十八）。韮山代官所の廻状と同じく、舞台裏の困難さを垣間見ることができる。

なお、『袖日記』には、オールコックが富士登山をする前年に、地元ではコレラが流行し、またほうき星が何回も見えたことなどが著述されている。

2　熱海逗留

富士登山が終わると、東海道に出て三島を経由し、そこから伊豆半島を横断している。ここにある伊豆韮山代官所江川家支配領を通り、そこにイングランドの富裕な地主と同

●註十五
『静岡県史　通史編4　近世二』第二章第二編。村山からは八千六百人余りが押し掛けたと言う。

●註十六
この時の代官は江川坦庵の子、江川英敏。

●註十七
彼らは一行のコーヒー、コメ、ビスケットなどの食料品を運んだ。

●註十八
「富士村山社領村役人連署願書」（万延元年八月）、「富士村山別当等願書」（万延二年正月）の双方に人足の買い上げ、人馬賃金不足の旨が書かれている。

様な生活を感じるとともに、江川家の儀仗兵の派遣に好感を寄せている（註十九）。

その後の熱海への道中は、根府川街道を利用したか、網代道を利用したかのいずれかであろう。『大君の都』の中に、

「……山岳地帯のまん中で、突如として百軒ばかりの家がある閑静な美しい村に出くわした。われわれは、馬からおりて休息するようにていねいに懇願された。……」

とあるが、これはおそらく前者なら軽井沢村（現函南町）、後者なら浮橋村（現大仁町）ではないかと思われる。

後者であるなら山伏峠を越え下多賀村（現熱海市）あたりを通過し、熱海村（現熱海市）に入るルートが考えられる。しかし外国の要人が通過するならば、当然廻状があるはずだがそれがないので、前者の根府川街道を利用して熱海に入ったとみるべきであろう。「日本人の高官がだれひとりとして旅行しそうにない道」とあるから相当急な坂道であったと思う。

そして熱海に立ち寄ったオールコックは、本陣今井半太夫の宿に逗留した。

ここで有名なのは、愛犬トビーが大湯の間歇泉の熱湯に触れて、大火傷をおって死んだことである。写真Dの碑はこのことを物語っている。

碑は二基あり、一基は、
羅多保留斗安留古津久英国美仁須登留

●註十九
一八六〇年九月十四日（旧暦七月二十九日）のこと。

写真D　オールコック碑とトビーの碑

とあり、その横に、
予奉國命寓日本荏土府十有六月公暇無事茲萬延元年庚申七月十八日發江都廿六日登富士山廿九日到豆州浴熱海温泉十有四日愛玩山海奇勝之餘建此石使後人知英人遊于此自吾輩始矣
と書かれ（註二十）、もう一基には、

「Poor Toby 23 Sept 1860」

と英文で書かれている（和訳：かわいそうなトビー）。

犬のトビーはこの熱海逗留中に火傷を負うことになるのだが、動物の死に対して、地元住民の手厚い弔いぶりにオールコックはいたく感動している。

『大君の都』を読むと、「熱海温泉は居住地としては快適なところではなく、おもしろいこともなければ仕事もない」と当初は言っているが、これは熱海での生活が単調すぎたがゆえの言葉であろう。

平和な村ゆえに、彼自身は退屈であったろうが、トビーの死は動物への日本人の死生観を知る機会にもなり、また今まで捉えてきた日本人観を変更させうるものであった。

彼は次のように書いている。

「……日本人は、支配者によって誤らせられ、敵意をもつようにそそのかされないときには、まことに親切な国民である。……」

●註二十
書き下し文「予国名ヲ奉ジ日本荏土府ニ寓ス十有六月公暇無事茲ニ万延元年庚申七月十八日江戸ヲ発シ二十六日富士山ニ登リ廿九日豆州ニ到リ熱海温泉ニ浴ス十有四日山海奇勝ヲ愛玩スルノアマリ此ノ石ヲ建テテ後人ヲシテ英人ノ此ニ遊ブハ吾輩ヨリ始ムルコトヲ知ラシム矣」。

その後、彼は翌一八六一（文久元）年三月にイギリス軍艦と公使館員のユースデンに先の二基の石碑を託して熱海に送っている。

トビーの慰霊碑は当初は今井氏の庭に、滞在記念碑は大湯の前に建てられたが、現在は両方とも大湯の間歇泉の所に建てられている（註二十一）。

その間歇泉であるが、彼が著書に書いている中で、

「……わたしは、二四時間中に六回ないし八回も大きな爆発音を立てて蒸気を噴出させる大きな通気孔のところに小さな小屋を立てさせた。……」（註二十二）

とあるが、その後大湯は枯渇を続けた（註二十三）。

オールコックにとって、三週間近い滞在ではあったが、雁皮紙の製紙法を教えてもらったり、現地をいくつか細かく描写した写生画を描いたりしている。

第四節　幕末期の外交

この両者の幕末期の外交権は、日米修好通商条約を結んだ当時はハリスが握っていたが、やがてオールコックにとって代わられていく。

ハリスの日本滞在は、一八五六（安政三）年八月から一八六二（文久二）年五月までの七年余りであり、オールコックは一八五九（安政六）年六月から一八六四（元治元）

●註二十一
トビーの碑は一時失われていたが、大正七、八年頃、大湯の大修理を行った際に、それを惜しんだ当時の熱海館主の岡野女史が献碑したという。碑陰に、「…大正七八年御料大湯改築記念湯元、熱海館主岡野さだ之建…」とある。

●註二十二
後に岩倉具視により、宮内省直轄の歓汽館が完成し、さらに御用邸として後の大正天皇の避寒地となった。

●註二十三
関東大震災以後枯渇した。今は人工的にくみ上げている。

年十二月までの五年半の期間である。

この間、日米修好通商条約が岩瀬忠震らにより神奈川で調印されたのが一八五八年七月のことであり（註二十四）、日英は八月のことである（註二十五）。

条約調印を可能にさせた背景には、清国で起こったアロー号事件の様子を伝えに来たミシシッピー号の情報が大きかったことは言うまでもない（註二十六）。

イギリスがインドのセポイの乱を鎮圧し、英仏連合で中国を制圧して、その余勢で日本に向かうであろうという情報からは、世界の中に否応なく巻き込まれていく日本の姿が浮き彫りになって来る。

なお、この日米修好通商条約についてであるが、二つの不平等条約を結ぶこととなり、これがゆえに明治時代は条約改正のために苦しんだとして学校教育の中で位置付けられている。われわれも当時の幕閣首脳が無知であったかのような教育を受けて来ているが、『静岡県史　通史編4』ではこれに異を唱える形で記述している。

これによれば、領事裁判権を認め関税自主権がない点は、日本人がアメリカへ渡航することが考えられなかったためであり、開港場も幕領に限られたもので、実際には他のアジア諸国と結ばれた条約よりもはるかに有利であったとみている。

その後、ハリスとオールコックの立場に変化がみられるのが、一八六二（文久二）年における二市二港の開市開港の延期の対処にあった。

●註二十四
この調印一年後に横浜、長崎、箱館の三港が自由貿易を始め、下田港が閉港となった。
●註二十五
この調印は特命全権公使エルギン卿が行っている。
●註二十六
一八五八（安政五）年七月二十三日。

二市は江戸と大阪、二港は兵庫と新潟で、これらを開市開港することに際し、ハリスは至急の実現を求めたが、ミカド（天皇）の存在を無視しえないものとみなしたオールコックは、延期することを本国へ報告しながら、他国公使へと呼びかけていったのである（註二十七）。

飯田鼎氏はその著『英国外交官の見た幕末日本』の中で、両者の相違は日本に対してもつ国益の矛盾にあったとし、アメリカは緊急に必要とする捕鯨船の基地確保から開港を考え、イギリスは戦略的にロシアの進出を牽制し、東洋の市場獲得の意味から開港を考えていたとみている（註二十八）。

それゆえ、日本の政体の変化による外交（貿易）に与える影響をオールコックは読み取って判断したのであろう。

このことは一八六一（文久元）年二月にロシア艦隊が対馬に入った時の対応にも表われ、この時はイギリスが圧力をかけて、八月にはロシア艦隊は退去している。

この他、彼は日本の国際博覧会への出品を勧め、一八六二（文久二）年に遣米使節をしのぐ遣欧使節を派遣し、国際交流の場に出そうと腐心したり、一八六四（元治元）年には、四カ国連合艦隊による下関攻撃の主導権を握るなど、縦横に動いている。

こうして次第にオールコックは対日外交権をリードしていくのだが、一方アメリカにおいては、当時リンカーン大統領治下における南北戦争が勃発していたため、対日関係

●註二十七
一八六一（文久二）年三月二十三日、幕府は二市二港の開市開港の七ケ年延期を要請。

●註二十八
『大君の都　下』第三十七章。一八六一年のロシアの対馬事件においては、イギリス海軍を出動させ、ロシアを警戒している。

で一歩後退したことを念頭に置かねばならないだろう。

なおここで、シーボルト事件を起こし追放を受けたシーボルトの息子アレクサンダー・シーボルトが、オールコックの通訳の役割をはたしたことも日蘭史のみならず、世界史の潮流の一つとして付言しておく。

第五節　結び

ハリスとオールコックの両外交官の活躍の場は江戸ではあったものの、伊豆滞在期間は彼らの日記を紐解くかぎりでは、まさに日本人文化論とでもよぶべき、日本人を観察する場であったと言える。

彼らの詳細な日本人観察は、民俗学の面からも十分に研究材料になるような、江戸末期の家族や慣習をあますところなく伝えている。例えばオールコックの熱海滞在におけるくだりに次のような文と絵がある（絵2）。

絵2　温泉寺前（『大君の都』から）

写真E　現在の温泉寺前

「……家と寺と墓石をいっしょにしたようなものである。……とはいえ、村民たちは自分たちじしんの風習にしたがって、どこから見ても十分に幸福な生活を営んでいるようであり、……かれらは幸福であるのかも知れない。……」

当初、彼の著書では熱海の住居が「未来をもたない過去の遺物」とまで言っているにもかかわらず、彼はその村民の生活状況に理解を示しているのである。

そして根底には、幕府官僚への痛烈な批判と、庶民の平和な暮らしぶりを対比させ、鋭く幕府体制のあり方に疑問を呈しているのである。

本章は伊豆という地に限定した上で、あえて第四節を加えたのは、彼らが（風土）研究的な資質を所持していたこともさることながら、外交という本来の任務に忠実であろうとしたかを知っていただきたかったからに他ならない。

そしてまたオールコックの富士登山も単なる外国人の初めての登山者という視点ではなく、幕府がさかんに干渉した背景も加えたかったからである。

幕末期の伊豆は、それまでの長崎に代わり日本の中で最も世界史に関係した地であった。その中でハリスは著名であるが、オールコックは若干知名度の点では劣っていた。それは、滞在期間もさることながら、ロシアのプチャーチン同様に日英修好通商条約を後から結んだ点で、二番煎じの役割をなしてきたからではないかと思う。

今回、『日本滞在記』だけでなく、『大君の都』を読んだ折に、彼の洞察力とその写生術には驚かされ、ハリス以上の人物であったことが確認できたように思う。
今後、両者にまた別の視点をあてて比較研究が進むことを期待したい。

［第三章●参考文献］

・オールコック『大君の都』上・中・下（山口光朔訳、岩波文庫、一九六二年）
・『静岡縣史料　第二輯　駿州古文書』（角川書店、一九六六年）
・小西四郎『日本の歴史　開国と攘夷』（中公論社、一九六六年）
・『熱海市史』（熱海市史編さん委員会、一九六七年）
・『富士宮市史　上』（富士宮市、一九七一年）
・山田兼次『熱海風土記』（伊豆新聞社、一九七九年）
・松岡英夫『岩瀬忠震』（中公新書、一九八一年）
・ハリス『日本滞在記』上・中・下（坂田精一訳、岩波文庫、一九五四年）
・飯田鼎『英国外交官の見た幕末日本』（吉川弘文館、一九九五年）
・『静岡県史　通史編4　近世二』（静岡県、一九九七年）
・『袖日記』八番・九番（富士宮市教育委員会、二〇〇〇年）
・『季刊　下田帖』

第四章 プチャーチンの開けた扉

第一節　はじめに

フェートン号事件が江戸時代後期にあった。

この事件は一八〇八年にイギリス軍艦が、オランダ旗を偽って掲げて長崎港に入り、オランダ商館の者を人質にとった事件である。

たいていこれは、高校の日本史の授業で、江戸時代の一事件、すなわち鎖国体制を揺るがすペリー来航前の事件として扱われる。しかしなぜイギリス船がそのような暴挙に出たのか、その内容についてはなかなか詳しくは教えられていない。

ところがこれを世界史的な視野で捉えると、違った事件として見えて来る。

この一八〇八年という年は鎖国日本では、第十一代将軍徳川家斉（註一）治世の文化年間であるが、ヨーロッパにおいては、英雄ナポレオンの時代である。

ナポレオンは、ほぼヨーロッパ全域を統治下に置くとともに、様々な方面にその影響をもたらした。十七世紀までは強国であったオランダも当時は斜陽の一途であった。この時ナポレオン戦争でイギリスとオランダは対立関係にあり、極東におけるナポレオン戦争の代理戦争として、長崎での出来事は起こったのである。

鎖国時における幕府のすごさは、このイギリスの不法行為に対抗できなかったとして、長崎奉行であった松平康英を自刃せしめていることである。

プチャーチンの来航時はこの時と同様、クリミア戦争（註二）時と重なったため、アメリカのペリーとは違った対応で対日交渉していくこととなった。

さて、本章で述べるところのプチャーチンの来航は、ペリーに遅れたため二番煎じ的な扱いとなりがちだが、静岡県伊豆においては、それこそ太平の眠りから覚醒させる一大事であり、幕府首脳は長崎に下田に奔走したのである。

よって本章では、改めて世界史的な側面に立ちながら、プチャーチン来航の余波について追っていきたい。

●註一
徳川家斉（一七七三〜一八四一）。文化文政期の文化を生んだが、幕府財政は窮乏した。

●註二
クリミア戦争（一八五三〜五六）。ロシアとトルコ・イギリス・フランス・サルジニア連合軍との戦争。南下政策をとるロシアがギリシア正教徒保護を理由にトルコに干渉した。セバストポリ要塞の戦いが主となり、ロシアは敗れた。

第二節　プチャーチン来航の意義

このことについては、大南勝彦氏の精力的な研究では、プチャーチンの来航をもう一つの黒船来航と評価し、ペリーの来航に匹敵する分析がなされており、筆者が言及する余地もないが、ただプチャーチンの来日とともに日本がいかに世界史の荒波に巻き込まれていたかは時系列的に整理しておかねばならないであろう。

まずロシアの対日政策は十七、八世紀のピョートル大帝（註三）に端を発したものであり、最初の使節が一七九二年のラックスマン（註四）であり、二人目が一八〇四年のレザノフ（註五）であった。プチャーチンはこの流れでいけば三人目の使節に当たる。

一八〇三年生まれのロシア海軍提督であったプチャーチン（写真A）は、ニコライ一世の命を受け、長らく懸案であった対日交渉へ意気軒昂であった。

第一、二回目はあくまでもロシア自国の単

写真A　プチャーチン胸像（戸田村立造船郷土資料博物館）

●註三
ピョートル大帝（一六七二～一七二五）。ピョートル一世のこと。絶対主義を確立。早くから対日政策を唱え、日本語学校を設立していた。

●註四
ラックスマン（一七六六～九六？）。エカチェリーナ二世の命を受け、修好要望書を持参したが拒否された。大黒屋光太夫はこの時帰国。

●註五
レザノフ（一七六四～一八〇七）。遣日特使として長崎に寄航、通商を求め半年ほど足止めになったが拒絶される。漂流民津太夫はこの時帰国。

独施策であったが、プチャーチンの時になると一八四〇年のアヘン戦争に始まる欧米の極東政策が絡んでくるのである。
次にプチャーチンの行動年表を参照されたい。
一八五三・　七・一八　長崎に入港
　　　　一〇・二三　上海へ向かう（一二・五　長崎に帰航）
一八五四・　三・一六　クリミア戦争勃発（英仏、ロシアに宣戦布告）
　　　　一〇・一五　下田に入港
　　　　一一・　四　安政の大地震に遭う（ディアナ号破損）
　　　　一二・二一　日露和親条約調印
一八五五・　三・一九　戸田号にて帰航
一八五八・　六・一六　下田に入港
　　　　　八・一九　日露修好通商条約を結ぶ
まず、プチャーチンはペリー来航後約一月半ほどした、一八五三（嘉永六）年七月十八日に、パルラダ号に乗って長崎港に入航する。
プチャーチン一行が長崎で三ヶ月足止めをくう点は、先のレザノフとよく似ているが、ここから彼は上海に向かい、クリミア戦争の情報収集を行っている。
よく日露間の条約は日米間のそれと比較されるが、日米和親条約がペリーとの間に締

●註六
川路聖謨（一八〇一〜六八）幕臣。対露交渉時は筒井肥前守政憲が全権であったが、怜悧な川路がその交渉をほぼまとめた。

結され、日米修好通商条約がハリスとの間に結ばれたの対し、日露和親条約も日露修好通商条約も双方ともプチャーチンが締結したことは案外知られていない。それほどにプチャーチンは日露間交渉には深く関与しているわけだが、何事も二番煎じは印象を薄めてしまう。

ロシアの目的が当初から日本との通商を第一とし、次に国境を定めることにあった点は、アメリカとの交渉と大きな違いである。アメリカはまず第一に太平洋の捕鯨目的のために食糧、薪、水の補給があり、次に通商が目的であったと言えよう。

結果的にはペリーは日本の開国に風穴を開ける役目を果たし、次にハリスにより通商許可を得るという二段戦法となったわけである。

長崎で勘定奉行の川路左衛門尉聖謨《としあきら》（註六）らと交渉を重ねたプチャーチンは、下田に場所を替えるものの、ここで安政の大地震（註七）に遭遇する。乗船していたディアナ号は大きな損壊を受けたので、これを修理すべく場所探しに追われた（写真B）。

やっとの思いで西伊豆の戸田の港を見つけるわけであるが、この地を指定するのに際し、クリミア戦争が大きく絡んでくる。造船の様子をイギリス、フランス艦に知られてはならじと隠れて造らなくてはならなかった。この戸田港は波浪を受けにくい広い港でもあり、まさし

●註七
安政東海大地震ともいう。一八五四年十二月二十三日（嘉永七年十一月四日）マグニチュード八・四。

写真B　ディアナ号の錨
（戸田村立造船郷土資料博物館）

く造船には好都合の場所であった（註八）（写真Ｃ）。

ところが、ディアナ号を戸田村に運ぶために、駿河湾を北上する際に風浪激しく沈没してしまったため、船を失うというよくよくツキに見放されていた。

しかしタフネゴシエーターなプチャーチンはヘダ号の造船を願い入れ、一方では川路らと日露交渉を続け、条約の締結に結びつけていった。安政の大地震に遭ってわずか一ヶ月以内の話である。またこの数日後、フランス船ナポレオン号が下田港に入港し、ロシアとクリミア戦争の代理戦争に発展するかのような危機状況もあった。

プチャーチンと川路の条約交渉については、双方一歩も引かない、まさしく国命をかけた外交勝負であった。

こうして日露和親条約は結ばれ、下田・函館・長崎を開港し、択捉・ウルップ島間を国境とするなど取り決めを行ったのであった（樺太の分界は定めず従来通り）。よって川路は通商条約を結ばせなかったのである。ただアメリカが下田・函館を開港したのに対し、長崎港を加えている。

日露交渉の舞台裏がペリーの日米交渉と違い、いかに波乱に満ちたものであったかを知らなくてはならないであろう。

さて、プチャーチン一行はこの交渉している間に建造されたヘダ号に乗って帰国した

写真Ｃ　戸田港

●註八
沼津藩水野領と旗本小笠原領に二分されていたことがその理由として挙げられる。なお、西伊豆には掛川藩の飛び地があった。

とよく言われるところであるが、これもすべての乗組員が一つの船に乗り込んで帰ったかのような誤解をしばしば招く。

後述するように当初ディアナ号には五百人あまりで乗り込んで来たが、沈没後は船員は分けられた。ヘダ号は五〜六十人程度しか乗れないため、まず最初にアメリカ商船カロライン・フート号（註九）、次にヘダ号（註十）、最後にドイツ船グレタ号（註十一）と計三回に分けて帰国したのである。

そして最後のグレタ号が帰国途中でイギリス船に拿捕されるという、クリミア戦争の余波はなおも続いていたのであった。

●註九
一八五五年二月二十五日出帆。
●註十
一八五五年三月二十二日出帆。
●註十一
一八五五年七月十四日出帆。

第三節　ヘダ号造船

プチャーチンが最初に日本に来た時の船はフリゲート艦パルラダ号で、他に三船を引き連れてきた。次はフリゲート艦ディアナ号一船で来た。フリゲート艦とは偵察・護衛に使用した軍艦で、これより小型の水上戦闘艇をコルベット艦と言う。

このディアナ号は先にも触れたように沈没したために、造船することになったわけであるが、その造船技術を彼らは持ち合わせていたわけではない。

沈没したディアナ号にロシア海軍省機関誌があり、スクーナー船の設計図があったことから、これを参考に設計図が作られた。スクーナー船は二本以上のマストに縦帆を装備した帆船である。

大型船の建造についてはこれまで鎖国体制から禁じられていたが、ペリーの来航により一八五三（嘉永六）年十月に解禁されていた。

伊豆人との係わりはこれを機会に始められたものである。

急遽、伊豆韮山の代官である江川坦庵が造船御用掛を選ぶことになり、伊豆からこの造船世話掛として、上田寅吉、緒明嘉吉、石原藤蔵、佐山太郎兵衛、鈴木七助、渡辺金右衛門、堤藤吉の七人が任用された。また下河津の船大工鈴木長吉や近隣の村々からも五十名近くが動員された。

江川代官の手代たちの世話により、造船用資材として沼津の千本松原の松を切って狩野川河口へ運び、そこから船で戸田村へ運んだ。船大工たちは設計図から見よう見真似で造っていったが、これにはロシア兵も感心し、全国の藩からも見学者が来た。

当時の戸田村の人口は三千人ほどで、五百人のロシア兵や各地の船大工や役人がこの小さな漁村に集まったわけであるから、国際社会が突如としてできたことになろう。

造船関連の幕府関係の御触・廻状・御用状も急増し、情報伝達が直に村人に係わってくるため、村人たちは時代の変化を肌で感じることとなった（註十二）。

戸田住民とロシア兵の接触については、平岡雅英著の『日露交渉史話』の「戸田紀聞」

●註十二
岩田みゆき「安政二年洋式船製造に関わる情報伝達と村人への影響—西伊豆の場合—」『沼津市史研究第六号』から。韮山代官の手代である山田熊蔵からの発信廻状が多い点をあげている。

や金子治司著の『幕末の日本』の「戸田余話」のそれぞれの章に書かれているが、金子は平岡の著をもとにしたものと思われる。平岡の著作には出典はないが、昭和初期の頃に現地を取材して聞き書きしたものではないか。しかしその内容はまさに異文化の接触という点で興味深い。例えば、

「ロシアには、蛇がいないので大変珍しがり、帰国の際には蛇の皮を土産として持ち帰った者もあった」

「村人は、露兵が皮の長靴をはいているのを見て筒袋をはいてきたと笑ったという」

伝聞であろうが、十分うなずけるものである。同じく建造に従事した木挽職の言い伝えでは、

「当時日本ではめずらしい石鹸や、四つ足として食料にしなかった牛肉を与えるとのことであったが、気味悪さや恐ろしさで受取らず早々に帰宅した」

「病人に使用させたオカワ（オマル）を川に流し、棄てたのをロシア人が拾い揚げて食物入れにしたのを見たが、だまっていた」

これなども十分に考えられる事柄である。

こうしてロシア人と村人との交流がなされる一方、ヘダ号が建造されていく。造船世話掛の七人はその洋式船建造のノウハウを学んだことであろう。

十七世紀最初に三浦按針が伊東で造船したものの、以後幕府が禁じてしまったが、今

回は維新後の日本の造船業界に多大なる影響を与えることになり、その意義は大いにあったと言える。上田寅吉は長崎伝習所をへて榎本武揚らとオランダ留学し、この縁で函館五稜郭の戦いにも参加した。その後横須賀製鉄所の初代大工士となっている（註十三）。

緒明嘉吉はその息子菊三郎が明治に入って緒明造船所を開設し、大型木船建造で日本一を占めるまでに成長した（註十四）。

第四節　橘耕斎

1　国外脱出

橘耕斎については、関係資料の多くに彼の名を見出すことができるが、その人となりは毀誉褒貶《きよほうへん》としており、前半生についての評価は芳しいものではない。しかしこの人物の特色は吉田松蔭が果たせなかった「密航」に成功したことと、その後のロシア生活が読者の興味を誘うからであろう。

耕斎は、一八二〇（文政三）年の生まれで掛川藩出身と言われている（註十五）。その後流浪生活を続けた後、戸田村の蓮華寺に住みついた。

もしプチャーチン一行が戸田で船を作らなかったら、耕斎は当地で平凡な一生を終えたかもしれなかったわけで、造船の折に現地でロシア水兵に近付いたことが、彼のその

●註十三
大工士上田寅吉頌徳碑が戸田村立郷土造船資料博物館前に建立されている。

●註十四
緒明菊三郎の婿養子の圭造が、第一章で触れた三島楽寿園を買い取っている。

●註十五
中村喜和「橘耕斎伝」（『ユーラシア』所収）に拠る。

後の人生を変えていく。

後に初代駐日ロシア領事となるゴシケビッチは中国語ができたことから、この耕齋に近付き日本語を取得したとされる。このゴシケビッチの手配により耕齋は三隻目のグレタ号に乗り込むのである。

グレタ号の商人リュドルフの日記には、次のように記されている。

「土曜日、朝四時、ロシア人が樽を一本船へ運び込んだ。そして、甲板の上で蓋を開けた。その中に、日本の坊主が入っていた。開けたとき、両脚が最初に現われた。……」(註十六)

坊主と風体から耕斎であることがわかる。

『掛川市史中巻』には耕斎を出国させた背景について書かれているが、彼の出自を指摘している。耕斎は掛川藩出身であるが、同藩は伊豆にいくつか飛び地をもっている。藩主太田氏と幕府の連携があったとみるべきではないかと言う点である。

そして、大南氏も指摘していることだが、「川路聖謨も蓮華寺に泊っているが耕斎の事が下田日記に出ていない」点で、確かに耕斎は同寺にいたと言われているものの、幕府の要人が宿泊する寺に起居するものが外国船に乗り込めることが果たして可能か、と言う点である。

こうした点から組織的に耕斎をロシアに行かせたのではないかという説が浮上する。

●註十六
『グレタ号日本通商記』一九三頁。一八五五年七月十四日(旧暦六月一日)の日付。

筆者はこれを決定付ける史料を持ち合わせていないが、耕斎とロシア人の共謀計画だけではなかったことは確かであろう。

こうして耕斎はグレタ号に乗り込み、六月一日に戸田を出るのである。ところが前の二隻と違い、不運にもクリミア戦争に巻き込まれるのである。日本を出航して十八日目にイギリス船（バラクータ号）に拿捕されてしまう。

ロンドン経由でロシアに送還されたのは、約一年あまりしたクリミア戦争終結の一八五六（安政三）年四月であった。

2　ロシア生活

拿捕された期間、耕斎とゴシケビッチは漢字を媒介としながら筆談を重ね、幾多の言葉のやりとりをへて、一八五七年には世界で初めて作られた日露辞典『和魯通言比考』が出版される（註十七）。

ロシアではロシア（ギリシア）正教の洗礼を受け、ウラヂミール・ヨーソフォヴィッチ・ヤマートフ（大和夫）と名乗り、ゴシケビッチの推挙によりアジア局九等官通訳となった。

この間、日本からの留学生や使節団の接待に関係しているが、かの福沢諭吉もその一人である。

諭吉は、遣欧使節として一八六二（文久二）年にヨーロッパへ行っており、自著の

●註十七
一万五八〇〇語を収録、ロシア外務省アジア局から出版。

『福翁自伝』に次のように書いている。

「……ロシアに日本人が一人居るという噂を聞いたその噂は、どうも間違いない事実であろうと思われる。名はヤマトフと唱えて、日本人に違いないという。勿論その噂は接待委員から聞いたのではない。……」

福沢はこの噂を次のことで確信する。

「……例えば室内に刀掛があり、寝床には日本流の木の枕があり、湯殿には糠を入れた糠袋があり、食物もつとめて日本調理の風にして、箸茶碗なども日本の物に似ている。どうしてもロシア人の思い付く物ではない。シテ見ると、噂の通り何処にか日本人の居るのは間違いない。」

まさしくそこには〝影の外交官〟としての耕斎の姿がある。

3　その後

耕斎と交流のあったゴシケビッチは一八五八（安政五）年、初代日本領事として函館に向かい、七年間の滞在の後、帰国している（註十八）。

耕斎のその後については、

「明治六年岩倉特命全権大使となり、欧州各地を巡回し露都に至られしとき、甲斎は屢々其の旅館に詣り謁見せしに公より、老い独り異郷の客とならんより本国に帰り、静かに老を養うには若かざるべしと懇ろに勧められたる故に帰郷の年頻りに動

●註十八
この時、ディアナ号艦付き司祭であったワシーリー・マーホフ神父を函館領事館付き司祭として連れて来ている。

き…」（註十九）
とあるが、『掛川市史』にあるように、日露の影の外交官としての役割を彼なりに果たしたことで、帰国の気持に傾いたとみるのが妥当であろう。
そのことは、一八七四（明治七）年二月から日露間で樺太・千島交換条約の交渉が、政府間レベルで始まって半年ほどした九月に耕斎が帰国したことから、時期的にも十分に考えられることである。
耕斎は帰国後十年ほどして、一八八五（明治十八）年に逝去した。

●註十九
『掛川市史　中巻』引用。

第五節　日本人留学生

耕斎以後の渡露者は日本人留学生たちであった。先のゴシケビッチの提言を受け、一八六五（慶応元）年に派遣されることになった。留学生に選ばれた市川文吉なる人物は、蕃書調所教授の市川兼恭の息子で、父兼恭はプチャーチンと面識があった。と言うのは兼恭が、一八五八年の日露通商条約締結の折に翻訳係として会議中双方を行き来していた経緯があったからである（註二十）。

市川文吉に関する研究は、宮永孝氏の諸論文がその全貌を明らかにしている。以下簡単に文吉の流れを追っていきたい。

●註二十
兼恭はドイツ学を教えており、当時の開成所にはロシア学の教授がいなかったことから推挙したのであろう。

ロシアに留学した一行は文吉を含め六人で、ゴシケビッチのつてとは言え、かなり劣悪な環境下の留学生活をおくったようである。

橘耕斎とは、ペテルブルグに到着し、ロシア外務省アジア局に出頭した時に会っている（註二十一）。

また、翌六六年には、イギリス留学中の森有礼とも会っている（註二十二）。

やがて彼ら留学生たちはロシア語のみならず、ロシア国の後進性に失望し帰国を望むようになる。当時のロシアは一八六一年に農奴解放令を出していたが、ブルジョワ階級が育っておらず、まだまだヨーロッパ列強の中では見劣りがしたのであろう。徳川幕府瓦解とともに、一八六八（慶応四）年に帰国することになった。

こうした中、市川文吉のみが残留し、プチャーチンのもとに引き取られることになった。プチャーチンは一八六一（文久二）年に国民教育省大臣（文部大臣）になっていたが、半年で辞任し、国家評議会議員として余生をおくっていた時期にもあたる。

文吉はディアナ号で来日した作家のゴンチャローフらからロシア語を学び、この間に一八六九（明治二）年に加藤弘之の尽力により明治政府の外務省留学生の

●註二十一
一八六六（慶応二）年四月三日午後。
●註二十二
森有礼（一八四九〜八九）。初代文部大臣。薩摩藩士として藩命で留学していた。

市川文吉の後半生
幕末のロシア第1期留学生
伊東での生活を解明
竹下教委保養
富永法大教授
協力し調査、成果が本に
〝何らかの縁〟で出会う
若い時代の市川文吉

市川文吉『伊豆新聞』（平成三年二月三日付）

身分を獲得している。

そして一八七三（明治六）年三月に岩倉使節団がペテルブルグを訪れた折には、時のロシア皇帝のアレクサンドル二世と使節団の通訳を担うなど、八年にわたるロシア滞在の成果を示している。

この年の九月には、岩倉使節団とともに、先の橘耕斎より一年早く帰国の途についた。帰国後は、東京外国語学校ロシア語科教員となり、さらに翌一八七四年には、外務省二等書記官として、樺太・千島交換条約交渉の際に、榎本武揚全権公使の一員として通訳を果たすといった、親子にわたって外交面でも大きな役割をなした点は特筆すべきことであろう。同条約は翌一八七五年五月に調印された（註二十三）。

その後、一八八六年黒田清隆のシベリア経由欧米巡遊に非職外務省御用掛として随行し、時の皇帝アレクサンドル三世の通訳を行ったり、あるいはまた文部省編纂局の刊行した『露和字彙』の編者に加わるなど留学生活で学んだことを生かしていった。

晩年は人間嫌いとなり、関東大震災までは東京で暮らしたが、大正末期には伊豆伊東に隠遁する。伊東における住居は、現在市内の暖香園ホテルの隣に位置する二橋別荘であったと言う。この地で一九二七（昭和二）年、文吉は八十一年の生涯を終えた。

●註二十三
一八七五年八月に批准、十月に布告。

第六節　オリガ・プチャーチン

プチャーチンの娘であるオリガ・プチャーチンは一度だけ戸田に足を運んでおり、ここでも触れなくてはならないだろう。

ロシア皇后付名誉女官であったオリガ・プチャーチンは、一八八三（明治十六）年十月に父プチャーチンがパリで客死した後、一八八七（明治二十）年来日した。

来日の理由として父親の日本滞在中のお礼のためという説と、沢田和彦著の『I・A・ゴンチャローフと二人の日本人』では、病気療養のための来日とある。また中村健之介氏は、その著『宣教師ニコライと明治日本』の中で、オリガが日本のロシア正教会で働くことを希望したためと書かれている。

特に興味を持つのは「最後のロシア教会で働く」との記述であるが、一八八四（明治十七）年十月に来日したとあり、一八八七年の来日とは異なる。いったいどれがオリガの実像なのであろうか。

ニコライの日記には、プチャーチンが宮廷に出入りする上流貴族夫人との知己が多かったがゆえに、多額の寄付を得たとあることから、かなりプチャーチンから援助を受けていたことは確かであろう（ニコライは寄付をする者には好意的であったと言う）。

このプチャーチンが亡くなった翌年に娘オリガが来日したと考える方がその流れからいけば自然である。当然ニコライはオリガを厚遇したであろう。

平岡雅英著の『日露交渉史話』には、ニコライ大主教の塔の沢の家や市川文吉邸に一、二ヵ年滞在したとあるから、父プチャーチン関係者を頼りながら日本で生活をおくったのではないか。市川文吉にしてもロシア留学時代にプチャーチン宅に寄宿していたことから、オリガにも会っていた（註二十四）。

一八八七（明治二十）年には戸田村を訪問している。当時の新聞には、

「病気保養のため五畿内紀伊東海東山其他各地の漫遊を思ひ立たれ通弁の日本婦人一名を伴ひ去る二十一日沼津より船を仕たて、戸田港に赴き……」（註二十五）

とあり、一泊二日戸田に滞在した（註二十六）。戸田関係者に会い、歓迎攻めにあっていることを新聞は伝えていて、その折に太田戸長に金千円を託している。

その後、彼女は百ルーブルを戸田村に贈ることを遺言に残したため、これを村では窮民救助費とした。さらに村内ではプチャーチン親子の業績を含め、記念碑建立の機運が生まれ、紆余曲折をへて、一九二三（大正十二）年に戸田村の牛ヶ洞造船跡地に造艦記念碑を建立した（写真D）。

写真D　造船記念碑

●註二十四
宮永孝著『おろしあ留学生』には、市川文吉がオリガのために、神田の敷地内に二階屋を建てて住まわせたとある。

●註二十五
明治二十年五月二十九日付『静岡大務新聞』。

第七節　結び

プチャーチンの来航で驚嘆に値することは、他国と違ったクリミア戦争という国情を抱え、なおかつ下田で安政の大地震に遭い、一時は日露交渉どころではない状況に置かれながらも、伊豆と世界の扉を大きく開けたことである。

そして日露関係は、戸田号の建造とともに伊豆の地がその担い手となり、ここから橘耕斎をはじめとして様々な関係が築かれていった。逆にゴシケビッチが領事として訪日・滞在し、このゴシケビッチやプチャーチンの関係から日本人留学生とりわけ市川文吉が交流し、やがてこの市川文吉も伊豆の西海岸ではなかったが同じ伊豆の地で終焉を迎えている。

それはプチャーチンを介して伊豆とロシアが一筋に繋がっているかのような感を受けるのである。

現在の戸田村は、湾内は良き海水浴場として、外海は漁場として賑わっているものの、百五十年前に造船が行われたとは想像もつかない。しかしながら、達磨山から見下ろすと、なるほど造船するにはまさにうってつけの湾であると感心してしまうのである。

プチャーチンの来航の裏では、伊豆韮山代官であった江川坦庵が、幕命を受けて下田

●註二十六
この時、ヘダ号建造の用度調達掛を担当した松城兵作邸に泊まっている。

や戸田を奔走したため、命を縮めることになった。海防策や蘭学など、最も当時世界を見つめ知りえた人物が幕府側にいたのである。

そしてプチャーチンは日本を去ってからも再び来日し、晩年もニコライ神父や市川文吉とも交流をもち、長らく日本という国と関係を有した。考えてみればペリーよりもはるかに影響を与えたと言っていいであろう。

近年、日露の交流が民間レベルの様々な形でなされているが、両国の親善の土台にあるプチャーチンをはじめ、それを取り巻いた日露の人物たちの名を改めて銘記しておく必要があろう。

〔第四章●参考文献〕

・平岡雅英『日露交渉史話』（原書房、一九八二年〈覆刻原本一九四四年筑摩書房刊〉）
・川路聖謨『長崎日記・下田日記』（藤井貞文・川田貞夫校注、平凡社、一九六八年）
・金子治司『幕末の日本』（早川書房、一九六八年）
・新異国叢書一一『ゴンチャローフ日本渡航記』（ゴンチャローフ著、高野明・島田陽訳、雄松堂、一九六九年）
・『新訂　福翁自伝』（富田正文校訂、岩波書店、一九七八年）
・『ヘダ号の建造—幕末における—』（戸田教育委員会、一九七九年）
・新異国叢書　第Ⅱ輯三『グレタ号日本通商記』（リュドルフ著、中村赳訳、小西四郎校訂、雄松堂、一九八四年）

・『掛川市史　中巻』（掛川市史編纂委員会、一九八四年）
・大南勝彦『ロシアから来た黒船』（静岡新聞社、一九九一年）
・宮永孝『幕末おろしや留学生』（筑摩書房、一九九一年）
・岩田みゆき「安政二年洋式船製造に関わる情報伝達と村人への影響―西伊豆の場合―」『沼津市史研究第六号』（沼津市教育委員会、一九九六年）
・『静岡県民衆の歴史を掘る』（静岡県地域史教育研究会、静岡新聞社、一九九六年）
・沢田和彦「I．A．ゴンチャローフと二人の日本人」『スラヴ研究四五号』（スラブ研究センター、一九九八年）

第五章 伊豆とキリスト教

第一節　はじめに

キリスト教が日本に広まったのは、一五四九（天文十八）年にＦ・ザビエルが鹿児島で布教活動をしたことから始まったと記憶するところであるが、このキリスト教がカトリックなのかプロテスタントなのかと問われると一般の方はしばしの時間を要する。

これはルターの宗教改革（一五一七年）が一つのヒントになる。贖宥状（免罪符）の販売に対し、これを買った人間が簡単に救われるはずがなく、信仰にのみその教えは生きていくものであると断固反対の狼煙を上げ、ここにプロテスタント（新教）が誕生したのである。

これに対して、旧来からのカトリック（旧教）も反省し、イグナチウス・デ・ロヨラらがイエズス会立ち上げ、厳格な軍隊的統制と教皇への絶対的忠誠によってプロテスタントへの攻撃と全世界への布教活動と言う目標を掲げたのである（註一）。

来日したザビエルはこのイエズス会の創立者の一人で、自らも使命に燃えて世界布教に出立したのであった。よって日本に最初に広まったキリスト教はローマ・カトリックと言うことになる。

一般に教父（伝道者）のことをカトリックでは神父、プロテスタントでは牧師と呼ぶが、いずれも新約聖書を経典とすることには変わりない。

伊豆におけるキリスト教の広まりがどのような状況であったのかを語る場合、ロシア（ギリシア）正教について触れなくてはならないであろう。キリスト教知識が混乱する方もいるやもしれないので、伊豆におけるキリスト教の広まりについて、時系列に解説していきたい。

●註一
一五三四年パリで結成され、四十年ローマ教皇に公認される。スペイン語で「イエスの軍隊」、中国では「耶蘇会」と書いた。

第二節　カトリックの広まり

1　江戸時代

伊豆におけるキリスト教の広まりは、江戸城の城石の採石と関連している。

徳川家康は、江戸幕府を開いた翌年の一六〇四（慶長九）年、江戸城の修築工事に乗り出した。この際、外様大名の多い西国大名に普請を命じた。彼らは伊豆石をその主たる採石とし、伊豆半島の海岸を中心に船で江戸へ運搬した。現在もなお、熱海から伊東、稲取をはじめとして採石場の跡がみられる（註二）。

この普請に駆り出された大名に西国大名がいるわけであるが、彼らの中にはキリシタン大名がいたことに注目しなくてはならない。普請の折に近くに教会なり、祈禱する場所を設置したという推測ができる（註三）。

伊豆への布教は、一六〇七（慶長十二）年に、ロドリゲスが江戸から駿河への帰途に立ち寄ったことがその始まりではないかと思われる。これは、『日本切支丹宗門史　上』に、

……駿河に向って帰路についたが、ロドリゲス師は、公方の招きに応じ、伊豆の鉱坑を訪問するために乗船し、……


とあるので、当時の金山奉行大久保長安により金鉱が掘られていた土肥金山へ立ち寄ったのであろう。この折に布教活動がなされたと思われる。

「イエズス会年報」には、一六二〇（元和六）年に、

●註二
現在の伊東市には御石ヶ沢という地名が残っている。

●註三
鈴木茂「切支丹に関する刻印」『伊豆新聞』（平成八年五月二十六日付）。

ポルトガル人宣教師ベネディクト・フェルナンデス神父は駿河から関東にはいり、まず伊豆地方を訪れた。その主な町は三島である。……キリスト信者は三島に三十名いたが、司祭は信徒のすべてを悔悛の秘蹟によって浄め、御聖体によって成聖の聖寵を増し、力を与えていた。その町の中にも洗礼を望む者が多くいた。すでに駿河の教会では迫害が始まっていたにもかかわらず、伊豆教会においては自由で、信仰と宗教に関しては何の圧迫も受けていなかった。フェルナンデス神父はそれより相模の教会へ行った（註四）。

とあり、一六一二（慶長十七）年に幕府がキリシタン禁教令を出した以後も弾圧にもかかわらず信仰が続けられていたことがわかる。

そういう意味では十七年後の一六三七（寛永十四）年の島原の乱は、キリスト教弾圧を決定的なものにしたと言える。

では、伊豆には隠れキリシタンはいたのであろうか。

これまで多くの伝承が残されており、伊豆の各地に切支丹燈篭と呼ばれるものがあるが、専門的に研究されているとは言えない（註五）。『三島市誌中巻』によれば、三島と箱根の途中にある山中城近辺の宗閑寺墓地にその名残を見ると書かれている（写真A）。

宗閑寺墓地には、城将松田康長の墓があるが、墓に刻まれている名前の上に×印を見ることができる。これを前掲書ではクルス文様として信者の家紋として捉えている（註六）。

●註四
『三島市誌下巻』五九一頁。これは上智大学所蔵の『イエズス会年報』を引用している。

●註五
伊豆長岡町墹之上の陽進寺や大仁町中島国道西に切支丹墓と思われる形状のものあり。

●註六
『三島市誌中巻』四八四頁。

さすがに断定はしていないが、それ以外に蒲鉾型の墓碑や十字花形文様陰刻の墓碑をいくつか確認することはできる。この宗閑寺は山中城の関係で、山中城は豊臣秀吉軍の小田原攻めの際の北条氏の城であった。北条氏は伊豆水軍を抱え、かなり縦横に活動していたから当然西国大名との繋がりもあり、キリスト教が入る要素はあったと言える。

いずれにせよ、伊豆の隠れキリシタンの研究が明らかになれば、後述する明治期の三島におけるキリスト教伝播の要因が解明されて来るであろう（註七）。

キリスト教信仰の隆盛はこの後、明治政府となる二百年以上の歳月を待たねばならなかった。

●註七
この他、矢田家古文書目録（大仁町宗光寺）にみる「伊豆国田方郡御代官所切支丹類族死失帳面」（元禄三年）など、関係する資料が最近発見された。

2　ジュリアおたあ

ジュリアおたあについては、第二章に入れるべきか迷ったが、それは本人自身の能動的なものではない点から本章に含めることにした。

そもそもジュリアは朝鮮半島の生まれで、豊臣秀吉の朝鮮出兵の際に日本に連れて来られた女性である。「おたあ」は名前で、朝鮮貴族の娘と伝えられている。

朝鮮進軍隊の大名の一人であった小西行長が連れて来た当時はまだ幼少であったが、小西の養女となり、彼がキリシタンであった縁で洗礼を受けたことが彼女のその後の運命に多大なる影響を与えた。

写真A　隠れキリシタン墓（三島市宗閑寺）

関ヶ原の戦いで小西が敗れたため、ジュリアは捕われの身となり徳川家康の侍女になった。ジュリアは理知的で美貌の持ち主であったと言われ、家康の寵愛を受けた。

しかしながらキリシタン禁教令により、改宗を迫られることとなり、信仰心厚い彼女はこれを拒絶したため流刑を言い渡される。この時の駿府の弾圧の模様をイギリス国王使節であったセーリスは次のように記述している。

皇帝の宮廷のある駿府の近くに来たとき、予らは処刑されたたくさんの首をのせた断頭台を見た。その傍らに多くの十字架とその上に縛り付けたままの罪人の死体があり、またその刀の切れ味を試すため幾度も斬られた死体の片々があった。

このことについては、現在静岡市の安倍川橋の近くに駿府キリシタン殉教之碑が建立されている。

ジュリアは一六一三（慶長十八）年三月、家康の居城である駿府の城から熱海網代まで歩かされ、網代港から大島へ、そして大島から神津島に流され、当地で最後を全うしている。

網代港に行ったことについては、イエズス会のヨハネ・ロドリコ・ジラン神父のイエズス会総長への日本年報に、
網代の港に着いて乗船する直前に、かの女は巡察の神父（イエズス会のパシオ師）に一通の手紙を書いた。……（註八）

●註八
ジラン神父は、一六一三年一月一二日、ジュリア流刑後十カ月して長崎で書いた。

とあるから、網代を通過したことがわかる。

この行程については、駿府から東海道を通り三島へ、そしてそこから下田街道を歩き、伊豆半島を東へ横切って山伏峠から下多賀村、網代村へたどりついたか、あるいは三島から大場、平井（函南町付近）あたりから根府川街道を利用して熱海村に出て、そのまま海岸伝いに網代に来たかもしれない。網代には善修院という曹洞宗の寺があり、大島の寺はここの末寺が多いことから、ジュリアはいったんこの寺に立ち寄り、船で大島へ行ったのであろう。やがて新島に移され、四十年あまり同地でキリスト教の信仰を守り過ごしたと言われる。

現在、ジュリアの墓碑は神津島濤響寺の流人墓地にあると言われ、これは二層の燈篭形をし、四方の窓は田の字で十字架（クロス）を表現し建っている。しかし、墓石には一切銘文がないため断定する根拠を欠いているという異説もある（註九）。

例年五月第三日曜日に、神津島の現地ではジュリア祭を開催している。そこでは宗教弾圧を受けた流浪の女性の存在が偲ばれている。

●註九
大隈三好『伊豆七島流人史』二三三頁。

3　明治以降

鎖国解禁後、一八五九（安政六）年にアメリカを主とするプロテスタント宣教師、ローマ・カトリック教会宣教師、ロシア正教会宣教師などが続々と来日した。しかしキリスト教は国禁であったため、活動はできなかった。

明治時代になった一八七一（明治四）年、岩倉具視大使一行が条約改正のための談判を目的に欧米視察した折に、日本におけるキリスト教迫害の状況が露呈され非難を受け、帰国後の一八七三（明治六）年二月に太政官布告六十八号をもって、切支丹宗門禁制の高札は撤去され、信教の自由が認められることになった。

伊豆における布教は、テストヴィド神父（註十）の存在が大きい。彼はパリ外国宣教会の神父で、一八七三（明治六）年に来日し、一八八〇（明治十三）年から県内の布教活動を行った。

テストヴィド神父は一八八三（明治十六）年から伊豆の布教に入り、網代（熱海市）から伊東、稲取（東伊豆町）と東伊豆の海岸を歩き、さらに下田、松崎、土肥と南伊豆から西伊豆の海岸という経路で伊豆半島を回っている（註十一）。

さらに中伊豆にも足を運んだようで、「修善寺でロシア正教会によって先を越されているのを知った」とある。これは第四節3にあるように既に修善寺はロシア正教徒が信仰を勢力を強めていた時期である。

やがて神父は一八八六（明治十九）年頃に、江間村（現伊豆長岡町）を足場に選んだとあるが、ここにも既にロシア正教徒がおり、なぜここを足場にしたのか理由は明確でない。

最終的に神父は沼津を拠点とし、一八八五（明治十八）年十二月に教会を建て、さら

●註十
ジェルマン・レジェ・テストヴィド（一八四九〜一八九〇）。

●註十一
『静岡県宣教史』四一頁。

●註十二
テストヴィド神父は、一八八九（明治二十二）年に御殿場の神山にハンセン病患者の治療と救済のために神山復生病院を設立している。

●註十三
『三島市誌下巻』には、一八九四（明治二十七）年頃に、三島で天主公教会が活動を始めたとあり、三島警察署長福田公平が中心となって、毎週日曜日に静岡・沼津などから神父を迎えてミサを行ったとある。

に御殿場でハンセン病患者の治療と救済のために活動した（註十二）。

沼津の隣にある三島については、一八八七（明治二十）年頃に警察官のパウロ福田が赴任し、彼の影響で信者が増加したが、一九〇五（明治三十八）年頃から三島から沼津教会へ信徒が通い始めている（註十三）。

南伊豆への巡回は、一八八七（明治二十）年当時の新聞に下田に足を運んでいる様子が伝えられている。

「天主教講義所　豆州下田地方も昨年与り耶祖教伝道の様子にて横浜与り時々宣教師及び伝道師の来港阿りて其都度講廷を開かれたるが今回愈々横浜天主教会より同地方へ伝道のため下田町へ一教会所を設置することゝなり伝道師土屋某が常置牧師として先頃出張されたる処愈設置の上は毎年数回宣教師仏人テステウイード氏が派出さるゝよし」（註十四）

とあり、この時は海路から布教活動があったことが書かれている。神父はともかく伊豆半島を海岸沿いから天城越えといった陸路だけでなく、海路も利用して精力的に巡回したのである。

翌明治二十一年九月の『静岡大務新聞』には、下田町の基督教には天主教会と一致教会の二つがあると書かれている（註十五）。一致教会はプロテスタントのことで、双方とも活動があったことがわかる。

●註十四
明治二十一年五月十五日付『静岡大務新聞』から。この翌月二十六日付には「天主教演説　去る二十一、二十二日の両夜豆州下田伊勢町天主教会所に於て宣教師仏人テストウキード氏の演説ありしが両夜とも非常の聴衆なりし尚同教会所常置牧師土屋丈也氏が毎日曜日に講義を開かるゝにより漸次信者も増加して目今十名余に至りしが其の中洗礼を受けし信者は三四名ありと聞く」とある。
●註十五
明治二十一年九月十五日付『静岡大務新聞』。天主教会がカトリックで一致教会がプロテスタント。

以後、神父は海路を通って来たりするが、カトリックが半島全体に完全に根をおろすまでにはいかなかったようである。

第三節　プロテスタントの広まり

1　バラ博士と三島教会

一八七二（明治五）年、わが国最初のプロテスタント教会が横浜に設立された。ここの宣教師がゼームス・ハミルトン・バラ博士（J・H・バラ宣教師）で、もとはアメリカ・オランダ改革派教会で、アメリカから来日して十一年目のことであった。

彼の塾生たちが、東海道を伝道部隊として活動を始めていった。当時外国人たちは居留地から二十里（八十キロ）以外は自由に旅行にできず、このため夏の避暑地は箱根湖畔が利用された。

J・H・バラ宣教師が箱根湖畔で静養していたときに、当地で教えを説いたため、先の伝道部隊もこれに応じ、この噂が三島宿に伝わったと言う。三島と箱根の間には先にも触れたように山中宿があり、ここでまず伝道し、そして一八七五（明治八）年には、箱根で洗礼を受けた者たちが、バラ宣教師を動かし、三島の本陣笹屋で伝道集会を開いた（註十六）。

●註十六
武市四郎「伊豆キリスト教伝来」参照。

この仲立人としては伊藤藤吉(註十七)がおり、さらには伝道の過程で、小出市兵衛(註十八)やその義兄の花島兵右衛門(註十九)が中心となって、一八七八(明治十一)年に三島伝道所を開設した。この時二十名程度であった信徒数が、一八八三(明治十六)年一月の三島教会設立時には八十九名までになった。

小出市兵衛も花島兵右衛門も町議になるなど、町の有力者となってゆく人物で、花島は煉乳業でも「金鶏ミルク」を売り出すなど事業家としても名を残した。

さて、花島は酒造業から煉乳業に職替えをしたため、不要となった家屋を改造して一八八八(明治二十一)年、薔薇女学校を設立した。国内でも女学校が多くできた時代で、バラ宣教師の従姉妹のリゼー・バラが校長となり、自主独立のキリスト教学校を設立したわけであったが、経営が成り立たず四年あまりで閉校している。

一方、教会の方は一九一二(明治四十五)年に三島の芝町に新会堂が建てられ、着実にプロテスタント信仰を広めていった(註二十)。

2　伊豆とプロテスタント

プロテスタントの種は三島に蒔かれ、一八八四(明治十七)年にはバラ宣教師や伊藤藤吉らの尽力により北伊豆から中伊豆にも受洗者が現われた。

この頃の新聞に、「耶蘇退治の演説」という記事がある。

田方郡吉田村(現大仁町)の常雲寺で、この年の十一月三十日と十二月一日の両日に

●註十七
伊藤藤吉は箱根でバラ宣教師の話を聞き、三島での通訳を行った。後三島教会の牧師となる。
●註十八
童話作家小出正吾の祖父。洗礼を受ける以前は質屋で、後に火薬の取り扱いを行った。
●註十九
第九章第三節でも煉乳業関連で彼の名が出て来る。
●註二十
現在は中田町に移転している。

わたって二休居士なる者が五～六百人の聴衆を集めて話をしたとあるが、その内容は論理的ではなく他宗教排撃のための感情的な説法であったようである（註二十一）。あるいはこの時期ロシア正教徒も吉田村にいたので、標的がロシア正教に対するものかもしれない。

やがて一八九四（明治二十八）年には修善寺の柏久保に教会ができ、中伊豆にも広まっていった。この時、栗原喜久治が牧師として活動の中心となった。『北狩野村誌』によれば、一九一一（明治四十四）年時点で、四十人の信徒数が確認されている（註二十二）。

また明治二十五、六年頃にはアメリカにいたスコットランドミッションの牧師が伊豆七島から伊豆半島に赴き出張伝道したと言われ（註二十三）、東伊豆では海路からの影響を受けている。明治三十年代に、アウグスト＝マッソンが大島に渡った後、伊東、熱海の伝道を行い、彼自身も大正にかけて伊東に定住した（註二十四）（写真B）。

南伊豆においては開国以後下田港から東京、横浜に行って何らかの感化を受けた者がおり、東伊豆より早くからプロテスタントが入っている。

一八八五（明治十八）年二月の新聞には、

「耶蘇教演説　豆州賀茂郡下田町字弥次川町の英亭に於て去二十二日午後六時より英国人ホワイト氏が耶蘇教演説をなすとのことは前号の本紙上に掲げしが、同氏は豆陽学校の教諭平賀山口両氏の知己なりしを以て両氏の周施にて演説会を開くことになりしと、扨て同夜の景況を聞くに予て英国人が日本語にて演説をなすとの大評

●註二十一
明治十七年十二月六日付『静岡大務新聞』。

●註二十二
『北狩野村誌』四〇頁。これによれば一八八三（明治十六）年に信徒が三島教会に所属し、一八九五（明治二十八）年に三島教会から分離し教会を組織したとある。

●註二十三
スカンジナビアン・アライアンス・ミッションが世界僻地伝道を行った。

●註二十四
『伊東市史』によれば、新渡戸稲造が「理想的な宣教師をみたかったら、伊東へゆくがよい」とたたえている。

判なりしゆえ六時頃までには聴衆無慮二百数十名の多きに至り係て同氏が耶蘇教のことを間々漢語を交へて喋々弁ぜられしかば喝采の声は鳴りも止まざりしといふ」（註二十五）
とあり、これは、英人ホワイトによるプロテスタントの話が日本語で聞けるということで、物珍しさも手伝って多く聴衆が集まったのであろう。
この下地があったからだろうか、一八八九（明治二十二）年二月の新聞には、
「基督教演説会　去る二三の両日豆州下田町弥次川町の一致教会に於て該教演説会を開会されたるが弁士は有名の英人ワツデル牧師和田秀豊の二氏にて聴衆は両夜共満堂立錐の余地なきまでに詰め掛け溢れて堂外に立ち聴きするほどにてありしといふ」（註二十六）
第二節でテストヴィド神父のことについて触れたが、この時期プロテスタントとカトリックの双方が下田で広まっていたのであろう、「立錐の余地なき……」という表現は、当時の人たちの関心ぶりを示す資料と言える。
ワツデルなる人物は、スコットランド系牧師のH・ワッデルで（註二十七）、後に明治学院大学の教授になる人物である。
豆陽学校（現下田北高校）開校当初から教員になっていたのは渡辺勝一人で、彼は上京中にワッデル塾に入り、彼の影響で一八七七（明治十）年洗礼を受けている（註二十八）。

写真B　マッソン牧師（伊東教会）

●註二十五
明治十八年二月二十八日付『静岡大務新聞』。
●註二十六
明治二十二年二月九日付『静岡大務新聞』。
●註二十七
横浜系統ではなく、東京築地の教会から派遣されてきた。
●註二十八
『百年のあゆみ　豆陽中下田北高』四十九頁。

十勝開拓の父である依田勉三は渡辺勝とワッデル塾で知り合い、その兄で豆陽学校創立者である依田佐二平は、学校設立にあたり英語の授業をカリキュラムに組み込んだ。ワッデルの影響は明治十年代からあったと言えよう。

この種蒔きの時期をへて、一八九〇（明治二十三）年には、東京築地系の日本福音教会（アメリカ福音教会系）が下田を伝道地とすることを決定し、二藤牧師が伊豆東海岸の河津から西海岸の松崎へと伝道を広めていった（註二十九）。

一八九五（明治二十八）年には教会が建てられ、数々の牧師のもとで信仰の灯火が継続された。カトリックも同時期教会を建ててはいたが、宣教師の定住と巡回とではやはり信者勢力にも影響を与えたと言える。

なお、前田實氏が「下田福音教会史（中）」の中で、「カトリックの側は比較的名家、金持ちの階級が多く、新教の方は庶民の階層の者が多い」と記述しているが、これは明治二十年前後の下田におけるカトリックとプロテスタントの葛藤を述べたもので、その後の同地における流れを摑む上では重要なポイントである。

●註二十九
伊豆伝道の着想は、築地教会定住伝道師遠藤長太郎の故郷であったことから、指定されたと言える（『東金教会百年のあゆみ』参照）。

第四節　ロシア正教の広まり

1　ロシア正教

これまで述べてきたことは、カトリックやプロテスタント信仰に関することであった。しかし幕末になり鎖国が解かれると、これ以外に新たにロシア（ギリシア）正教が入って来たのである。

ここでロシア正教の解説をしなくてはならないであろう。そもそも二千年も前にイエス・キリストによって説かれたキリスト教は、幾多の迫害に遭いながらも弟子たちによって継承され、ついにはローマ帝国の国教となった。

やがてローマ帝国も西ローマと東ローマに分裂することとなる。しかし七世紀になってマホメットによって説かれたイスラム教が台頭してくると、困った問題が生じた。

古来キリスト教は聖像崇拝を禁止してきたわけであるが、一方で聖母マリア像や画像、彫像を大切にして来た。ここに聖像崇拝を禁止するイスラム教が侵攻してきたため、東ローマ（ビザンチン）帝国は、これに政治的意図をもって七二六年に聖像禁止令を出すに至った（註三十）。

その後、八四三年には聖ソフィア寺院でイコン復活が宣言されたものの、東西キリスト教会の分裂の要因となり、一〇五四年にローマ・カトリック教会とギリシア正教会とに分かれるのである（註三十一）。

東ローマ帝国は、ギリシア正教会の総本山として千年以上にわたり続いたが、オスマン・トルコの攻撃により一四五三年に滅亡してしまう。その後一四八〇年にモスクワ大

●註三十
皇帝レオⅢは修道院勢力を削ぐ目的があった。
●註三十一
しかし大きな教義の違いはなく、風土の違いから生じる儀式・典礼に違いがある程度であった。

公国を成立させたイワン三世は、ギリシア正教会の首長の地位を受け継いだので、ロシア正教と呼称されて今日に至っている。

教会は初期キリスト教からの祈りの形と心をそのまま継承し、祈禱儀式ではろうそくや香炉、イコン（聖像）などが荘厳な雰囲気を醸し出している。

2　ニコライ大司教

日本へのロシア正教の伝来は幕末と言ったが、それはロシアが函館に領事館を設置したことに端を発する（註三十二）。この初代領事のゴシケビッチと共にヘダ号造船時にいたマーホフ神父も着任した。マーホフ神父は二年間の滞在の後帰国し、代わって一八六一（文久元）年七月に来日したのが、ペテルブルグ神学大学からきたニコライであった。

これはゴシケビッチがプチャーチンを通して紹介してもらったのである。プチャーチンと日本との関係は条約締結のみならず、帰国後も続いていたことを銘記しなくてはならない。

ニコライはゴシケビッチ著の『和魯通言比考』を手元に置き、十九世紀初めに日本で幽囚されたゴローニンの手記『日本幽囚記』を読むなど日本通であり、日本での布教の希望をもっていたことを窺がわせる。一旦帰国したニコライは日本宣教団の設立を呼びかけ、一八七一（明治四）年に再来日すると、仙台藩士の有志たちが函館に参集した。

しかしニコライは翌年活動の場を東京に移し、本格的な宣教生活に入る。一八九一

●註三十二
一八五九年に函館聖堂を建立。

（明治二十四）年には、東京神田の御茶ノ水にニコライ聖堂（東京復活大聖堂）が建立され、以後一九一二（明治四十五）年に亡くなるまで教えを説いた。

彼は山下りん（註三十三）をロシア留学させ、イコン画の画法を取得させた。帰国したりんは、ニコライの命を受け、様々なイコン画を描いた。

ニコライの活動範囲は広く、全国に足を運び、修善寺教会をはじめとして伊豆への伝道も熱心であった（註三十四）。伊豆人も彼を慕って東京に出ている。

ニコライ死後の大正時代は、ロシア革命がありロシア正教は本国ではかなりの弾圧を受け、日本への援助もままならなくなった。また一九二三（大正十二）年の関東大震災によりニコライ堂も焼失し、かなりの打撃を受けた。再建されるのは一九三〇（昭和五）年のことで、現在のニコライ堂はこの時のものである。

ニコライの後を受けたセルギイ主教は、困難な時期を過ごしたが、一九四一（昭和十六）年まで教会を守り、その後を（ニコライ）小野帰一（註三十五）が継いだ。

戦時下において日本正教会はアメリカ正教会の影響下に置かれ、一九七〇（昭和四十五）年をもって聖自治独立教会として一人立ちした。

紆余曲折をへながら、ニコライ聖堂はロシア正教の日本本山として今日に至っている。

3　伊豆布教

伊豆への布教は元沼津藩士の尾崎容（註三十六）が小田原でロシア正教の話を聞いて感

●註三十三
山下りん（一八五七〜一九三九）。女流イコン画家。
●註三十四
銘度利加（信者名簿）には、ニコライのチェックした赤いペン書きしたものが残されている。また「韮山会沿革略記」には一八七八年九月にニコライが来ていることが書かれているが、ニコライもセルギイもよく巡回している。
●註三十五
函南出身の山崎兼三郎の弟。この間に、岩沢丙吉が暫定的に代表者になっている。
●註三十六
アナトリイ尾崎、三島出身。

銘したことから熱心な信者となり、尾崎は函南出身の山崎兼三郎に紹介し、伊豆人の入信のきっかけとなった（註三十七）。一八七五（明治八）年のことである。

この両名のうち尾崎が東京滞在時におけるつてで元仙台藩士の（ティト）小松韜蔵を招き、海路内浦（沼津市）に入り、ここから修善寺に招かれ、三島と修善寺を起点に広まっていくことになる。

修善寺に広まったロシア正教は信徒を増やし、一八七六（明治九）年に、立野村（現修善寺町）の相原、岩沢家、修善寺村の野田家、長浜村（現沼津市）の児玉家の者たちが、東京のニコライから洗礼を受けるに至った（註三十八）。

これら信者の中には、その後温泉旅館を営んだ野田八弥や、その弟で夏目漱石の修善寺の大患で往診した野田洪哉がおり、いずれも地域の有力者たちであった。

同じく修善寺の柏久保ハリストス教会に所蔵されている銘度利加（信者名簿）には、一八七七（明治十）年四月に最初の受洗者として修善寺村の浅羽氏の名が挙げられている。一八八〇（明治十三）年には柏久保の森拓平が沼津教会にて受洗者となり、翌年十三人を受洗させた（註三十九）。

こうして森を含む十四人で現在の柏久保の地に一八八七（明治二十）年、柏久保降誕会の教会が建立された（写真C）。この教会建立の際に、ニコライと往信した書簡も残さ

写真C　山下りん作のイコン画（柏久保ハリストス教会）

●註三十七
『修善寺教会記録』（修善寺ハリストス正教会所蔵）及び「韮山会沿革略記」から。
●註三十八
銘度利加（修善寺ハリストス正教会所蔵）から。
●註三十九
受洗の時には、必ず代父母のもと、神父（司祭）が授洗する。

れており、ニコライは山下りんにイコン画を描かせるために手配している様がわかる。

柏久保ハリストス教会の銘度利加の代父母の欄には、江間村（現伊豆長岡町）の津田、浜村、伊奈姓や吉田村（現大仁町）の山本姓をみることができるが、一八九五（明治二十八）年以降は代父母として江間村の者たちの名がみられないことから、この頃に江間教会が建立されたことがわかる（註四十）。

この頃の新聞からは、ロシア正教徒の動向が読み取れる。これは、「信者多し」という見出しで、君沢田方両郡には耶蘇教徒次第に増加とある。中でも三島、韮山、江間、長浜、柏久保、修善寺には各数十名がおり、柏久保（現修善寺町）には宏壮なる教会を新築とある（註四十一）。

その前年に柏久保に教会が建てられていることから、ここでいう耶蘇教はロシア正教のことであろう。着実に増加していることがわかる。

こうして田方郡では修善寺、柏久保、吉田、韮山、江間地区の豪農や有力者たちの間に信仰者が集った（註四十二）。

江間村における津田家、伊奈家では、津田重祇が村長に、伊奈儀右衛門が人民惣代になり、狩野川開鑿工事の地元反対者たちの代表として理路整然と渡り合っている（註四十三）。

彼等が単なる豪農としてではなく、精神的支柱として村民の拠所となっていった背景には、こうした信仰心があったのではないだろうか。

●註四十
北江間の伊奈家の近くに教会が建てられたが、現存していない。
●註四十一
明治十九年七月十一日付『静岡大務新聞』。
●註四十二
韮山については、『韮山町史第十二巻』二一六頁参照。修善寺教会に所属しているが、明治期の受洗者鈴木家は山木（韮山町）の豪農であった。ここに来ていた鈴木重祇は後に実家の江間村に帰り、津田姓を名乗るようになる。
●註四十三
『狩野川治水史料集　明治編』参照。イオフ津田重祇の甥のペートル津田董は後、県会議員になっている。な

4　修善寺教会

今日、県指定文化財となっている修善寺ハリストス教会は、一九一二（明治四十五）年に建てられたものである（写真D）。

修善寺の信者の中で、野田家の下の弟修治が所有する地があった。ここにまず一九〇二（明治三十五）年仮会堂が建てられた。夏目漱石が修善寺に転地療養に来たのが一九一〇（明治四十三）年のことであるが、一八九九（明治三十二）年に豆相鉄道（伊豆箱根鉄道）の三島～大仁間が開通したことにより、修善寺の湯治客も増え、旅館を経営する野田修治の兄たちも柏久保の教会まで行かずに近くに欲したのであろう。

ともあれ仮会堂とはいえ、柏久保降誕会から独立し修善寺顕栄会として自立したことになる。

数年した一九一二（明治四十五）年二月、野田修治は病篤いニコライのために、その病苦を慰労するために建設を提案した。野田修治はニコライ神学校を出ており、その思いは人一倍強かったのであろう。

急ピッチで建設された聖堂であったが、大壁造り内外漆喰塗りとなっており、下地貫は全体に目透かし斜板張りと、耐震、耐風の配慮がなされている。

とりわけ内部に入ると聖所と至聖所を境とする聖障や各種聖器物は、

写真D　修善寺ハリストス教会

お、アンドレ伊奈儀右衛門はイオフ津田に遅れて、ティト小松韜蔵から明治十二年に受洗した。

日露戦争時における旅順の聖堂にあったものを、当地まで運び修善寺聖堂に使用している。おそらくニコライ聖堂近辺に一時的に保管し、聖障や聖器物の大きさを基準として建物の骨格や構造が決められ、設計されたものと思われる。

柏久保教会同様、ここでも山下りんのイコン画が飾られている。

こうして修善寺ハリストス教会は歴史的価値のある貴重な建造物として現在に残されている。

なお、同教会の信徒数は、一九一六（大正五）年時点で百三十一人となり、三島のプロテスタントとほぼ同規模となっている（註四十四）。

●註四十四
『記録　修善寺正教会日誌』（修善寺ハリストス正教会所蔵）から。なお、『北狩野村誌』には日本ハリストス柏久保正教会の信徒数は明治四十四年時点で一〇七人とあるが、おそらく修善寺正教会の信徒数を含めてのものではないかと思う。

第五節　結び

これまで伊豆のキリスト教史については体系立てて書かれてこなかった。

このためカトリック、プロテスタント、ロシア正教と大きく三つに分け、江戸時代から明治時代を通して伝道されていく様子をまとめてみた。

宗教の問題は人間の内面の問題であるため、研究対象として制限される部分が出てくることは否めない。とりわけ江戸時代の隠れキリシタンにはじまるキリスト教史についてはよく知られていないのが現状である。むろん墓石や耶蘇仏地蔵尊、懸仏耶蘇仏をもってその名残として指摘している例はあるが（註四十五）、これとて体系化されているとは言えない。

しかしながらザビエルにみるキリスト教伝道は、まさしく日本が世界史の一体化に巻き込まれた史実であり、日本史、世界史の両面から焦点が当てられるものである。

明治期の新聞を読むと、どの耶蘇教か分別がついていない点がみられる。また会派、教義に相違点があるため、キリスト教を広める行為がカトリックの布教なのか伝道なのかその言葉遣いが様々であり、混同している。

さて、明治時代になりキリスト教が日本に広まっていくわけだが、一八七五（明治八）年が一つの分水嶺になろう。

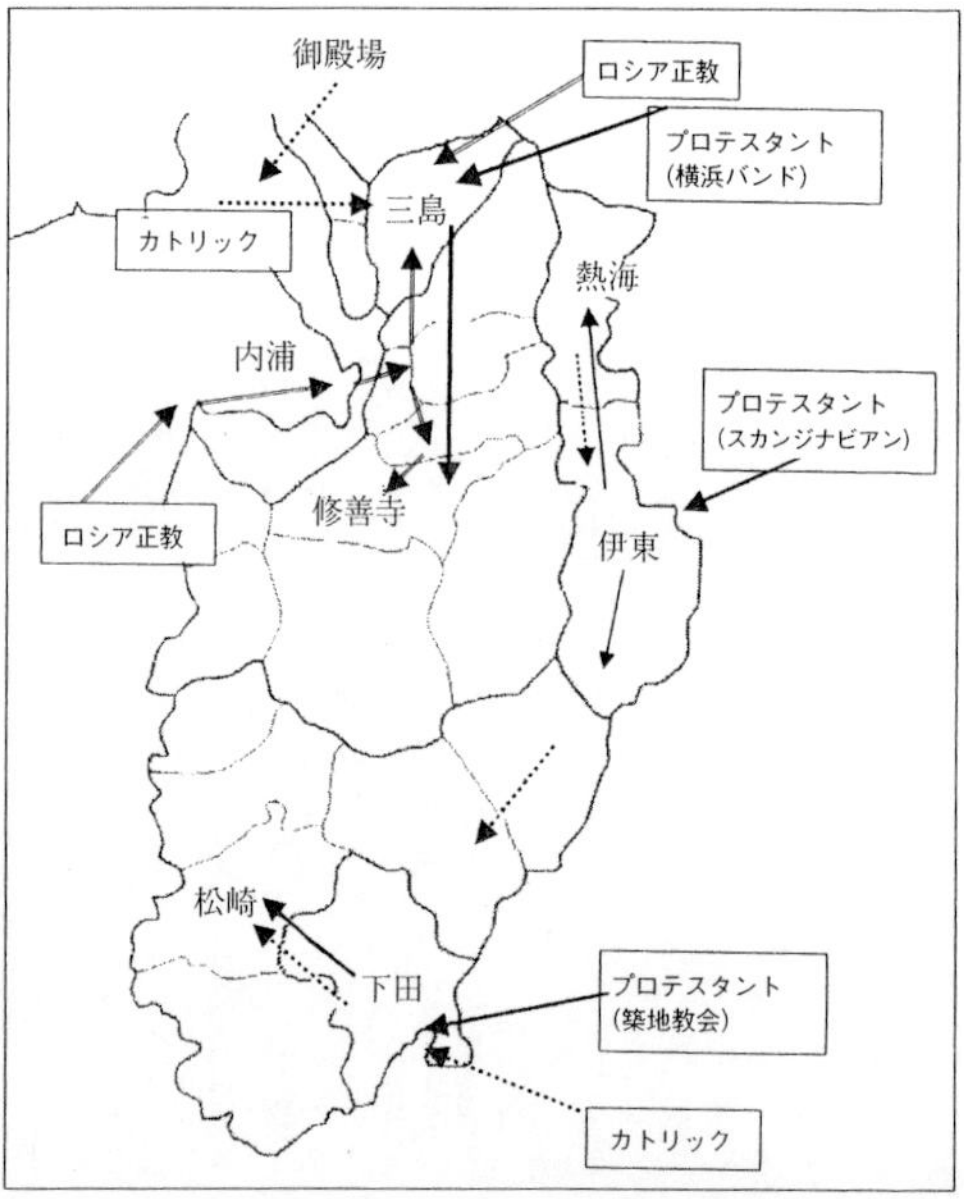

伊豆半島におけるキリスト教各派の広まり

その理由の一つとしては、キリスト教禁制の高札がはずされた一八七三（明治六）年から二年後であり、布教が少しずつ浸透しはじめた時期だったからであろう、プロテスタントが東海道を通じて、ロシア正教が海路内浦から入って来ている。

明治十年代は、伊豆半島各地に広まっていったが、これは第七章第三節にみるコレラ

●註四十五
吉田正一『郷土キリシタン』参照。
●註四十六
長倉勉『黎明期の三島教会

の広まりも関係して来る。「コレラはヤソが持ち込んだ」と流言が飛び交う中、三島プロテスタントの伊藤藤吉は率先して病人を訪れ、看護をしたことで信徒を増やしたとあるように（註四十六）、キリスト教精神がいかんなく発揮された一例である。

そして明治二十年代はカトリックを含め、世間にもキリスト教の存在が認識されるようになり、それぞれ会派が確立し教会も建ち始めている。第四節3の中で、田方地区での耶蘇教徒の増加を述べたが、新聞記事も当初のような奇異の目で見る記事が次第に減少している（註四十七）。とりわけ豪農や有力者たちが入信したロシア正教などの存在が大きいのではないか（註四十八）。

明治時代の教会数については、一九一六（大正五）年の『静岡県勢要覧』をみると、その数が記載されている。当時県下には五十四のキリスト教会が数えられているが、内訳はハリストス正教会十、天主教四、日本基督十一、日本メソジスト十三、他十六である。日本基督、日本メソジストはプロテスタントとして合計すると二十四となるから、圧倒的にプロテスタントが広まっていたことがわかる。

伊豆の特色を見出すならば、ハリストス正教会が三島・田方で四つあることからその勢いを知ることができよう（註四十九）。

本章では、明治期までの様子を追うことのみで、大正期以降についての教会の流れは追っていない。昭和時代に入り戦時中のキリスト教弾圧を受けた後、戦後の信教の自由

―その歴史と伝道―』参照。
●註四十七
明治十四年九月二十日付『函右日報』は、明らかに信徒を茶化した内容である。
●註四十八
戦前の家父長制度の強い時代には一家の主にまず入信させ、あるいは地域の有力者を入信させたことが、ニコライ伝道の特色で、彼の伝道者としての有効な方法であったとも言われる。
●註四十九
この県の数字は、何を基準にしたものかわからない。すでに一九一一年時点で県内のハリストス正教会の数は十五を数えているからである。

により活動が再開されて今日に至っているわけである（註五十）。

昨今はそれこそ新宗教（新新宗教）が目白押しで、宗教法人のあり方が問われているが、キリスト教史は欧米人の精神を理解する上で極めて大切なことである。

次章の「漂流民と移民」でも問題提起しているが、これは日本人と外国人の共存社会を考えていく上での一つのキーワードになろうかと思う。

●註五十
『静岡縣宗教現勢誌』参照。戦後まもない時期の静岡県内のキリスト教会は、日本基督教団所属系教会（伝道所）が四十九、日本ハリストス正教会が四、カトリック系十、その他四で、プロテスタント系が多かったことがわかる。

〔第五章●参考文献〕

・『静岡県勢要覧』（静岡県、一九一六年）
・レオン・パジェス『日本切支丹宗門史　上・中・下』（クリセル神父校訂、吉田小五郎訳、岩波書店、一九三八年）
・『静岡縣宗教現勢誌』（静岡同好通信社、一九五四年）
・武市四郎「伊豆キリスト教伝来」『駿豆史談通巻五六号』（駿豆史談会、一九五八年）
・『伊東市史』（伊東市史編纂委員会、一九五八年）
・『三島市誌中巻』（三島市、一九五九年）
・『三島市誌下巻』（三島市、一九五九年）
・静岡県高等学校社会科教育研究協議会『日本史学習のための静岡県郷土資料集』（江崎書店、一九六五年）
・ボーデュ神父著、後藤平訳『静岡県宣教史』（創造社、一九六五年）
・『狩野川治水資料集　明治編』（韮山町役場、一九六九年）
・平田都『おたあジュリア』（中央出版社、一九六九年）

・大隈三好『伊豆七島流人史』（雄山閣、一九七四年）
・段木一行『離島　小笠原と伊豆七島の歴史』（武蔵野郷土史刊行会、一九七六年）
・太田愛人『明治キリスト教の流域』（築地書館、一九七九年）
・『百年のあゆみ　豆陽中下田北高』（下田北高校、一九八一年）
・吉田正一『郷土キリシタン』（私家版、一九八三年）
・小和田哲男他『家康と駿河城』（静岡新聞社、一九八三年）
・前田實「下田福音教会史（上）～（下）」『季刊下田帖2～4』（下田帖編集発行所、一九八四、五年）
・『日本キリスト教団三島教会百年史』（日本キリスト教会三島教会、一九八五年）
・神村清「修善寺ハリストス正教会顕栄聖堂」『伊豆の郷土研究　第一一集』（田方地区文化財保護審議委員連絡協議会、一九八六年）
・木原悦子『おたあ・ジュリアのアリランが聞こえる』（毎日新聞社、一九八八年）
・長縄光男『ニコライ堂の人びと　日本近代史のなかのロシア正教』（現代企画室、一九八九年）
・『東金教会百年のあゆみ』（日本基督教団東金教会、一九九〇年）
・『日本同盟基督教団史　第一編』（日本同盟基督教団歴史編集委員会、一九九一年）
・『玖須美百年史』（伊東市玖須美百年史編集委員会、一九九二年）
・『韮山町史第七巻』（韮山町史刊行委員会、一九九三年）
・『北狩野村誌』（修善寺町社会教育委員会、一九九五年復刻）
・中村健之介『宣教師ニコライと明治日本』（岩波書店、一九九六年）
・樋口雄彦「明治期ロシア正教の伊豆伝道」『沼津市博物館紀要二〇』（沼津市歴史民俗資料館・沼津市明治資料館、一九九六年）
・若林成治「下田町『英亭』の事」『市民文芸　第三十六号』（下田市教育委員会、一九九六年）

・『韮山町史第十二巻』（韮山町史刊行委員会、一九九七年）
・長倉勉『黎明期の三島教会―その歴史と伝道―』（日本基督教団三島教会、一九九七年）
・橋本敬之編『宗光寺村矢田家古文書目録』（矢田哲哉、二〇〇一年）

（追記）

本章註七で引用した大仁町宗光寺の代々名主であった矢田家の『矢田家古文書目録』が脱稿後発刊された。この中には、「伊豆国田方郡御代官所切支丹類族死失帳」（元禄三年）と、「豆州田方郡守木村切志たん宗門人別御改帳」（文化十年三月）の二つの隠れキリシタンに関する文書が確認されている。
元禄三年は一六九〇年、文化十年は一八一三年のことであるから、キリスト教徒に対するチェックは依然として江戸時代には続いていたことがわかる。そして、一方では隠れキリシタンが存在していたことも考えられ、伊豆半島における江戸時代の彼らの動向も今後解明していくきっかけになろう（守木村は宗光寺村の隣で、いずれも現在の大仁町の区にあたる）。

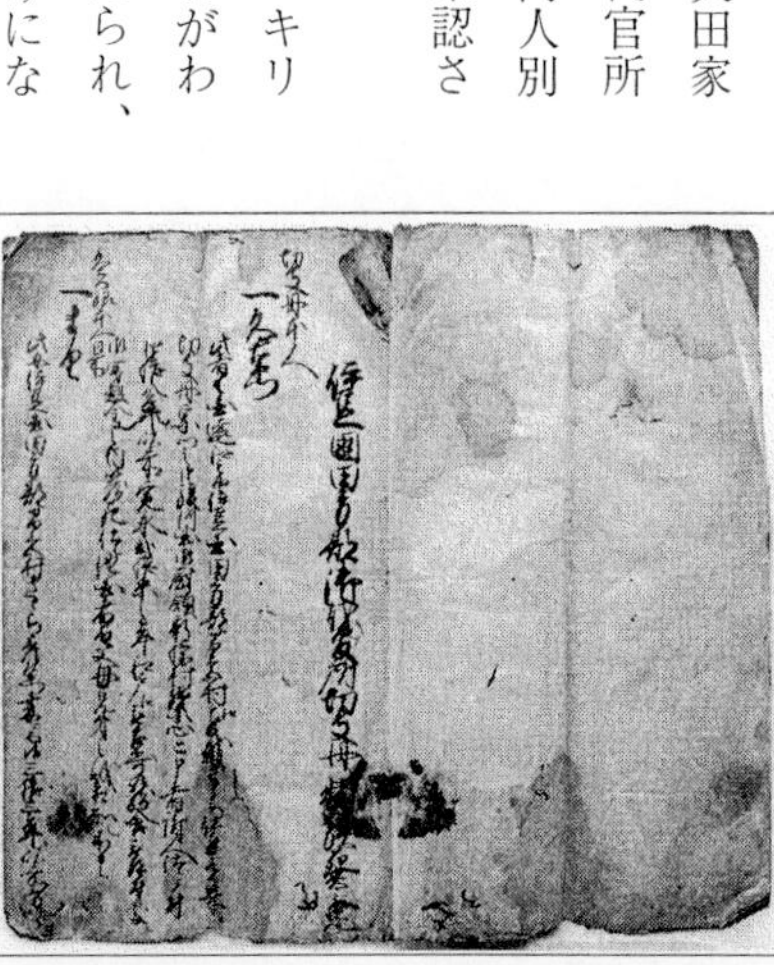

写真E　隠れキリシタン関係文書（『矢田家古文書目録』から）

第六章 漂流民と移民

第一節　はじめに

ひところ外国人労働者が増加し、伊豆の各地で南米系や東南アジア系の顔を見ることがあり、当時はひどく物珍しかったが、最近はごく日常的なものとして捉えることができるようになった。外国人労働者は東南アジア系のフィリピンや中国、韓国から南米系のペルー、ブラジル人が多い。これは一九九〇年の出入国管理及び難民認定法の改正施行にもとづき、日系人及びその配偶者は就労に制限のない在留資格を認められるようになったためである。

こうした外国人の受け入れ体制の中で必須条件は言葉の障壁を取り除くことであろう。異文化に接した時にまず言葉が通じるということがコミュニケーションを図る上で最も重要な鍵を握って来る。

世界が一体化する、いわゆる十六世紀以降の新航路発見による大航海時代により、異国間の交流は進んだが（植民地という負の遺産も作ったが）、既に伊豆には古代から朝鮮半島からの渡来人たちが来ていた。しかし、本章では十六世紀以降の異国間との民間交流に視点を置いて追っていきたいと思う。

十七世紀以降は鎖国体制により異国間の交流は途絶えてしまうはずであるが、漂流民となって異国を知ったり、逆に難破して異国に住みついた例もいくつかある。

土佐の漂流民ジョン万次郎はよく知られた人物であり、幕末期に帰国した彼を何とか海防策に役立てようと登用したのは伊豆韮山代官の江川坦庵であった。

日米和親条約の際に万次郎を通訳として登用する案は、水戸の徳川斉昭の反対にあって座礁したものの、万延の咸臨丸による渡米の際には通弁としてその役割を果たしたことはよく知られている。

モリソン号事件で、帰国できなかった日本人に比べると万次郎は幸運と言えたが、一介の漁師で終わるはずだった彼の人生はいかばかりなものであったろうか。

本章では、伊豆人に関した漂流民たちを紹介しながら、漂流民、移民とは何であるのかを考えてみたい。

第二節　三浦按針（ウイリアム・アダムズ）

1　伊東での造船

三浦按針。またの名をウイリアム・アダムズ（註一）。江戸幕府初期に実在したとされる彼の痕跡は伊豆伊東市にある（写真A）。

按針はイギリスのジリンガム市出身であるが、オランダ船東洋遠征船隊に加わった。一五九八（慶長三）年のことである。これ以前一五八八年にアルマダ（スペイン無敵艦隊）の海戦の折に、イギリス艦隊の後方支援をした経験があったが、単身オランダに行き、東インド会社に入社していた。

この東洋遠征船隊が難破し、按針の乗るリーフデ号は大分の臼杵に漂着したことから日本との接触が始まる。按針は徳川家康と会い、そのまま外交顧問になった。家康は三浦半島の逸見村の二百五十石を与え、その地名と水先案内人の意から三浦按針と称させた。

彼が伊豆伊東と係わるのは、日本で初めて洋式船を造ったことにあ

●註一
生年は一五六四年。同年にシェークスピアも生まれている。

写真A　三浦按針胸像（重岡健治作）

る。この証拠となるのが、「トマス・ランドウル編第十六世紀及び第十七世紀ニ於ケル日本帝国記録ウイリヤム・アダムス書簡一六一一年十月二十二日附」(註二)と三浦浄心(註三)の『慶長見聞集　巻の十』で、そこには次のような記述がある。

「……先年作らしめ給ふ浅草川の唐舟は、伊豆の国伊東という浜辺の在所に川あり、是こそ唐舟作るへき地形なりとて、其浜の砂の上に柱を志きたいとして其上に舟の敷を置、半作の比より砂を掘上、敷臺の柱を少つ、さけ、掘の中に舟をおき、此舟海中へうかへる時に至て、河尻をせきとめ、其河水を舟のあるへなかし入、水のちからをもて海中へおし出す、……」

伊豆伊東の地が造船地として挙げられている。これは現在の松川(伊東大川)下流域をさしている。伊豆の地が造船に適しているとしばしば聞くが、この根拠は何であろう。日本書紀にある天城軽野神社での伊豆造船の記載「応神天皇冬十月科伊豆国令造船言々……」より、古来から伊豆は舟匠がいたという説をもとに、幕末期のプチャーチン来航の折に戸田を中心に舟匠が集められたといった、人材面を指摘する面がある。

また、松川中流域には楠木が多く、舟材に適していたと言う説もある(註四)。

しかし一番大きな理由は、江戸城の城石として伊豆石が選ばれ、伊豆東海岸を中心に按針らが検見した結果、総合的に判断され適当と認められたのではないかと思う。事実伊豆石を運ぶ船を修復する船大工も多く伊東にはいたであろう。

●註二
『大日本史料　第十二編之七　御陽成天皇』。

●註三
三浦浄心(一五六五～一六四四)。江戸時代初期の仮名草子作者。江戸最古の文筆家。

●註四
これについては、楠見神社の存在や玖須美の地名が根拠となる。

さて、按針の造船所は松川下流域だろうというのが定説化しているが、これとても推測である。この松川に注ぐ川に唐人川と呼ばれる川があり、これが按針らに関係していると言われてきた。

江戸時代後期に浜野建雄（註五）はその著『伊東誌』の中で唐人川について、

「和田村浜通り温泉へ行竹之内村の村境十王堂の側の井の如くなる処より湧出る泉と、又浄円寺旧地の泉水の池より流出る水とはつか十歩斗りにして配合し、又一方は竹之内村々水和田村温泉の前の通りて是もはつか廿歩斗にして唐人川へ配合するなり。此川を里人呼て唐人川という。下流は横川をへて大川に出るなり。此川を唐人川という事いかなる故にや知がたけれど、里人伝云むかし異国の船此海浜に漂着して種々の異魚を放す故に各ありと。此川種々異魚を産す。……異人の異国船漂着の説は受けられず。異魚を産する以て唐人川の名ありと見えたり。」

と書いており、按針らについての造船のことは触れていない。浜野自身そのことを知らなかったと思われる。

下流の大川については、大船は松川下流に繋ぎ、小船は横川下流に入ったとあることから『玖須美百年史』では、唐人川右岸に河口の護岸の一部が切れ、これが入り口となって奥に入江があり、そこで造船をしたのではないかと言っている。

こうして一六〇四（慶長九）年頃に、八十トンほどの洋式帆船が建造された（註六）。

●註五
浜野建雄（一七九〇～一八五九）。賀茂郡和田村（現伊東市）の生まれ。竹村茂雄の門下で国学を学ぶ。

●註六
一六〇五年頃にも一二〇トンほどの洋式帆船が建造されたと言われる。

なお、按針に関する記述は多い。『セーリス日本渡航記』にはセーリス（註七）が一六一一年に按針から手紙を受け取った記述があり、一六一三年に来日以降、しばしば按針に会っている。

按針は徳川家康の外交顧問となったため、自身が船に乗り込んだオランダと母国イギリスについての交渉にあたった。おそらくかなり日本語も流暢に話せたのではなかろうか（そのためポルトガル人からかなり攻撃を受けたようである）。

セーリスとは按針の斡旋によりイギリス国王ジェームズ一世の国書を家康に手渡すことに成功し、日英貿易の先鞭をつけたものの、その後両者の関係はうまくいかなかった。按針の母国へ帰るという希望は家康には許してもらえず、その分厚遇を受けたが、家康死後の秀忠の時代になると冷遇され、一六二〇（元和六）年に平戸で没している。

なお、蛇足ながらリーフデ号の船尾にはエラスムス木像がついていた。エラスムスは『愚神礼賛』を書いたオランダの人文主義者で、彼の立像が回り回って栃木県佐野市の龍江院に所蔵され、現在は東京国立博物館にある。江戸時代の間この木像が得体の知れない老婆のようにみられていたのも頷ける。

2　按針の碑

この記念碑は、按針を「日本に最初に定住した最初の英国人、ウイリアム・アダムズ」

写真B　三浦按針碑

●註七
セーリス（一五七九～一六四三）。東インド会社の日本商館建設者。平戸に商館を建て、コックスを商館長とし、一六一三年帰国した。

として称えて建立された（写真B）。

碑文には次のように書かれている。

「一六〇五年～一六一〇年の頃伊東に居住し、この間彼は唐人川河口のこの地点において八十トンおよび百二十トンの二隻の船を建造した。それは日本最初の洋式遠洋航海船であった。初代将軍徳川家康はウイリアム・アダムズから砲術、数学及び地理学を学んだ。この英国人アダムズは日本夫人マゴメ嬢と結婚し、外交事務の処理において将軍に貴重な貢献を成した。ウイリアム・アダムズは一六二〇年五月十六日五十六歳で世を去り、横須賀の塚山公園に葬られた」

記念碑は、一九四八（昭和二十三）年七月二十八日に唐人川畔に建立され、現在按針公園（臨海公園）に移されている。実際の按針は平戸の外人墓地に葬られているため、碑文の中では違った記載となっている。

日本で最初の洋式船を造ったことを記念して、前年に安針祭（註八）が始まった。翌年の安針祭で記念碑の除幕をイギリス連邦占領軍総司令官H・C・H・ロバートソンが行い、ここでロバートソンはイギリスの詩人エドモンド・ブランデンのメッセージを朗読し、これが翌年のブランデン碑の建立に繋がった（註九）。

●註八
安針の安に手ヘンがついていないが、伊東が温泉観光都市ゆえに按摩の按と誤解されぬよう、祭名には安が採用されたと言われる。

●註九
エドモンド・ブランデン詩碑「シェイクスピアの未だ在生中ここに一英人が来て異なった名声を得た。各方面の技能をもって日本民族の長き歴史のうちに一地歩を得た。喜ばしきことは三百年の後に、ウイリアム・アダムスが伊東において、造船の先覚者たちを導いたその場所に来たことがある。諸君、伊東の人には今なお、彼の労苦の日々を賞讃し、なおまた時代の隔絶を彼が遠くへ運び去っているにも

第三節　漂流民

按針も漂流民の一人であったと言えるが、江戸時代は日本人の船乗りたちのかなりの数が漂流民となった。

これは鎖国政策のために、五百石以上の積載容量を超す船の建造を禁止し、帆による沿岸航路用の和船を造らせたため、沖合いに流されると潮流に乗ってしまうことが度々あったからである（註十）。

周囲が海である伊豆半島も船に依存する割合は高く、時化《しけ》で漂流した船もいくつかあった。和船はかなりの積荷が可能で頑丈であり、米などを江戸送りする時に遭難した場合には長い漂流に耐えることができた。

そうした中で、次に述べるものは奇跡的に助かり、異国の地を見てきた例である。

1　福聚丸遭難事件

一七五二（宝暦二）年十二月八日に遭難した福聚丸は翌月に、ルソン島（フィリピン）に漂着した。この中に伊豆国賀茂郡白浜（現下田市白浜）出身の三之助と下田町出身の清次郎が乗っており、ルソン小島漂着後マニラを経由して日本人町ディラオに渡り、清国経由で帰国したとされている。

拘らず、彼の事を早技のパイロットと呼んでいる。私は英国の彼の故郷を遂に知った。そして彼が英国と日本を最初に結んだと考えると私は誠に幸福である。なお諸君が郷土人たるウイリアム・アダムスの頭上に花環を置こうというその今もなお、栄えている精神のことに思を至すことは私の喜びである」（一九四八年七月八日）。

●註十
千石船が百トンほどで十四人乗り程度であった。

三之助は先に一人清国船で一七五五（宝暦五）年に長崎に帰されたが、キリスト教を信仰するルソン、マニラ（フィリピンはスペイン領であったためカトリック信仰）へ漂着したことは話さなかった。ところが、翌年清次郎らが帰国し事の顚末を詳細に話したため、三之助は叱りを受けた（註十一）。

これは清次郎らがキリスト教圏に漂着したために、いったんは帰国を断念したものの、希望を捨てきれずなんとか清国の乍浦を経由して長崎にたどり着いたと言うのが実情である。

江戸時代、中国大陸に漂着した日本人は寧波近くの乍浦を経由し、朝鮮半島に漂着した日本人は釜山浦を経由して長崎に送還された。日本に漂着した中国人は長崎を経由して本国に送還された。長崎には中国人商人が定期的に来航してそこに集住し、唐通事（中国語通訳）が置かれており、漂流状況がわかるため、三之助も清次郎も同様のルートで帰国したのである。

異国見聞者は奉行所の白州で吟味・尋問され、キリスト教徒かどうか確認するために踏み絵を踏まされ、異国での体験は話さぬよう申し渡される。郷里へ帰されてからも船乗りとして出ることができなくなり、一生をそこで過ごさねばならない。おそらく両名ともこのように申し渡しを受けたと思われる。

その後、一七九二（寛政四）年にロシアのラクスマンが大黒屋光太夫たちを連れ交渉

●註十一
福聚丸の乗組員のうち十人は現地に残り、五人が帰国した。マニラ城外の日本人町ディラオ（朱印船時代からのもの）にあるカトリック教会の世話になった。

に来たため、翌年老中の松平定信は江戸湾防備のため伊豆に巡見に来る。先に久世丹後守一行が来た時に清次郎は呼び出されて、ルソンの話をするよう言われる。次の文がそれである。
「七軒町清次郎事、若年の時廻船乗子ニ有之、逆風ニ被吹流異国へ漂着、年過帰国いたし候ものニ而、歳老候得共存生ニ罷有、今般久世様被為及御聞ニ付、町役人差添御本陣へ出候処、御座敷へ被召平座御免被仰付、御役人様方御立会異国の様子物語り候様被仰聞、流着の趣ロソン国の風俗等有の侭申上候由、仍之御目録南鐐壱斤被下置候事」『下田年中行事巻之四拾七』
次に松平定信一行も同様に呼び出し、話をした清次郎に四百文をお礼として下付している。
「兼而御沙汰有之候七軒町清次郎儀、御本陣江御召出有之、御近習御立会ロソン国之様子御尋有之、不調法なから其国の事色、噺申上候由、仍て御目録鳥目四百文被下置頂戴仕候事」『下田年中行事巻之四拾八』
三之助にしろ清次郎にしろ、東洋にある国の様子を村人たちに面白おかしく伝えたのではないか。
これ以外にルソン島に漂流した記録として、一八二八（文政十一）年十一月十日に漂流した八丈嶋船金毘羅丸があり、『蛮国漂流略記』として『甲子夜話続篇七』に収録さ

●註十二
『甲子夜話続篇七』にはルソンには米があり、豚や水牛を好んで食べ、魚・鳥などを胡麻の油で揚げた…といった記述がある。

れている（註十二）。

2　督乗丸遭難事件

伊豆国子浦出身の水主音吉の乗る督寿丸が、遠州灘御前崎沖で暴風雨に遭い、漂流したのは一八一三（文化十）年十月のことで、四百八十四日ぶりにイギリス船に救助された。これは漂流期間としては史上最も長いものである。

この漂流の模様は、『尾薩漂民記』に書かれており（註十三）、これを紐解くと督乗丸の乗組員がいかに苦労したかを読みとることができる。

督乗丸には尾張国知多郡半田村の沖船頭重吉を筆頭に十四人が乗っていた。うち五人が伊豆出身の水主で、それぞれ音吉、福松、三之助、重蔵、安兵衛と名乗っていた。音吉、福松、安兵衛は賀茂郡子浦（現南伊豆町子浦）出身であった（註十四）。

船は尾張米を江戸詰めの尾張藩に運んだため、大豆七百俵、飯米五斗入俵積入と船員分程度積み込むだけで（註十五）、江戸を出て、伊豆の子浦に立ち寄り、その帰りがけに遭難した。船は八丈島の方向へ流された後は太平洋を漂うばかりとなった（図1、2）。

「明けても暮れても波涛はかりを望ミ」と文中にあるが、精神に変調をきたすとともに、飢えの問題があろう。重吉は積み込んだ食糧を少しずつ分けるよう指示した。これとて米と大豆しかなく、これに飲料水として潮を焚いて真水に代えて飲むわけだが（註十六）、これだけでは水が足りないため、

●註十三
督乗丸の船頭重吉の体験をもとに三河国設楽郡新城の菅沼家用人池田寛親によって『船長日記』がまとめられているが、福原章皓氏が静岡県史研究に報告した藤原潤編纂による『尾薩漂民記』を参考とした。

●註十四
三之助は賀茂郡柿崎（下田市柿崎）、重蔵は賀茂郡田子浦（西伊豆町田子）出身で、音吉以外は漂流中に死亡した。

●註十五
一斗は十升、一升は一・八リットルの単位である。

●註十六
ランビキといって、蒸留水を摂取した。

「長右衛門心付けて一同へ百万遍念仏をすゝめ、念仏終候得ハ水一杯つゝ呑ませ申へくと相約し、毎日百万遍之内潮を焚……」(註十七)

と、念仏を唱えることで活路を見出そうとしている。

しかし、半年もすると栄養失調などで次々に病死し、三人がかろうじて生きる状態であった(註十八)。

音吉も瀕死の状態であったが、大量の雨水を得ることができ、これに鰹、まぐろの類が釣れたことで魚が食用にできたのであろう。

三人になってからも、相も変わらず島は見えず、

「首を縊るつもりにていくたひか縄をかけたれとも、命数の終らさるしるしにや、……」

「伊勢太神宮讃州金昆羅宮へ祈誓をかけ……船魂の前にて一、二、三の鬮をこしら

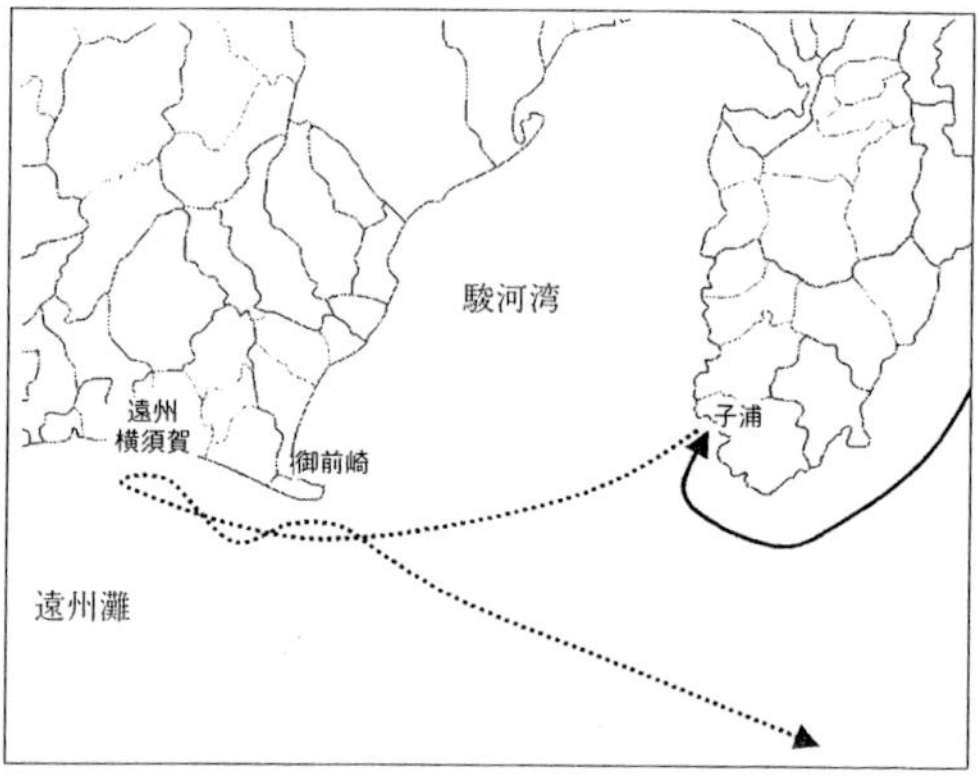

図1　督乗丸の漂流

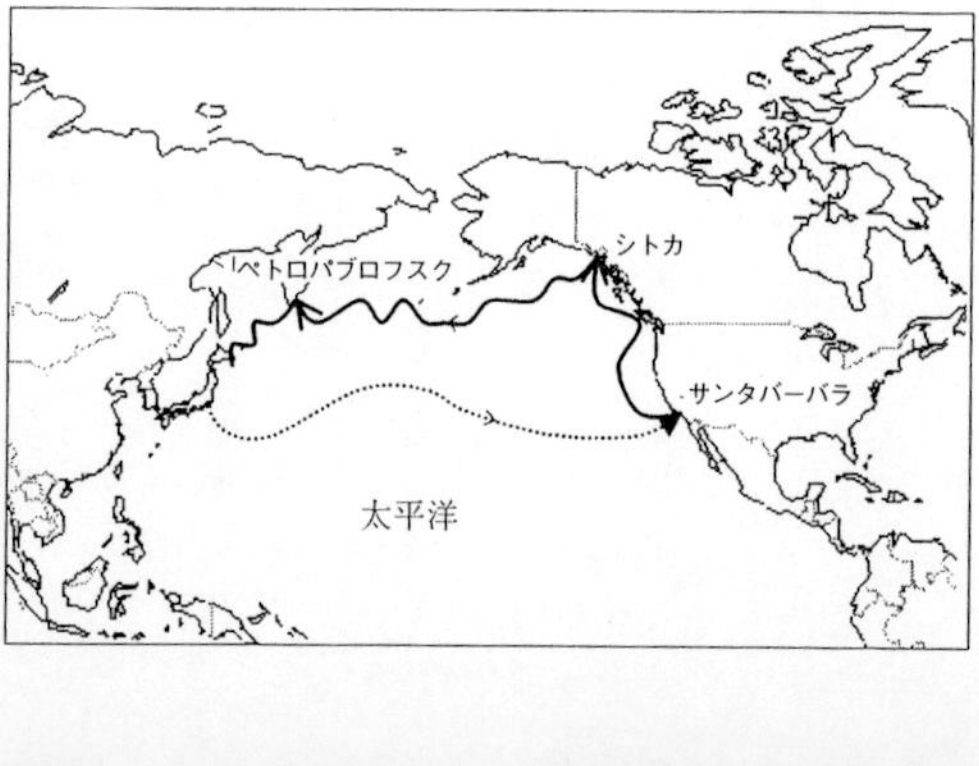

図2　督乗丸の漂流経路

●註十七
長右衛門は船頭重吉のこと。念仏を唱えて数珠を廻すほかに、写経をしている。

へ、丹精をこめて鬮をいた、く所……」

と、念仏や法華経を唱え、死ぬにも死ねず、くじ引きにて明日の運命を決めるような状況の中で、二度目の正月を迎える。翌月にはようやく島が見え始め、ついに一八一五（文化十二）年三月（旧暦二月）、アメリカ西海岸のカリフォルニア沖のサンタバーバラ沖で救助された（註十九）。

この模様については、聞き書きされた「日本人おろしや流れ行被助帰国之事」（下田市箕作「戸塚家文書」）で音吉らの動向がわかる。

漂流の末、唐船を見つけたとあり、これはイギリス船であった。このことはこの「戸塚家文書」に次のようにある。

「……右之船は、おろしや領分之内らんたん（ロンドン）と申国船にて、おろしや江広益ニ行船ニ御座候、おろしや江行くニハ、しゃっぱん（スペイン）と申所ニ而切手を取、……」

イギリス船がおろしや（ロシア）へ貿易に行く途中であることがわかる。スペインで通行手形（切手）を得よう……とあるが、イギリスからロシアへ行く途中にわざわざスペインに行くのも変であるが、一八一〇年当時はアメリカの西海岸はまだスペイン領であったことを記憶しておかねばならないであろう。

そして音吉らはサンタバーバラあたりにいったん上陸して、当地のスペイン人の歓迎

●註十八
壊血病もあったと思われる。五月～六月の間に十人が死んでいる。

●註十九
サンタバーバラは地図上ではロサンゼルスの北に位置する。このため日本人で最初にアメリカ大陸を見た人物として彼らを挙げる例がある。

を受ける。ここでは豚の屠殺場を見て、牛肉や麦餅（ぱん）を出され、食べるのに苦労している。このあたりは大黒屋光太夫たちがロシアへ行った時と同じようである。

言葉については、しゅつはん（スペイン）言葉として音吉が耳で覚えた単語が「戸塚家文書」には紹介されており、異国文化に触れた折の言葉の取得について参考になる（註二十）。

その後、イギリス船はアラスカのシトカ（シイツカ）港に毛皮の取引をするために立ち寄った。アラスカはこの時はロシア領であったから、当然ロシア人相手の商いで、アメリカ人とは接触していない。その後はオホーツク海を巡ってカムチャッカ半島のペテロパブロフスクに到着する。

ここで驚くことは、ゴロウニンの部下であるルダコフの世話になっていることである。ゴロウニン事件で捕われた折に、部下のリコルドが高田屋嘉兵衛を捕え、無事両者引き渡されたのが一八一三（文化十）年のことであるから、音吉たちが漂流した頃になる。この時リコルドがカムチャッカ長官となり、ルダコフが長官代理となっていた。この模様は、『尾薩漂民記』には、

「右役人ルダゴフ、長右衛門に対面致、手を取握り日本語にて當所に参り候上ハ心配致申間敷。又高田屋嘉兵衛を存居候哉と相尋候間、顔ハ見知らす候得共、名は覚

写真C　音吉の墓

●註二十
重吉も同様に「ヲロシヤノ言」という語録を残している。

居候と申候。……」

とあり、重吉はイギリス船のピケット船長だけでなくルダコフの厚遇も受け、さらにはペテロパブルフスクでは、同じく漂流した薩摩の永寿丸の三人が合流し、これまでのような言葉による不自由さを解消できたのではないか。

この間に半兵衛が亡くなったので、督乗丸は二人だけとなり、重吉、音吉と薩摩の三人はピケット船長と別れ、丸木舟でウルップ島へ、さらにエトロフ島と島伝いに移動し、ついに一八一七（文政十四）年日本に帰国した（註二十一）。

その後音吉らは松前、江戸で取り調べを受け、故郷の子浦へ帰った。

現在、彼の墓は南伊豆町の西林寺にあり、死亡は一八四二（天保十三）年、享年五十五歳になる。

●註二十一
重吉、音吉たちはペテロパブルフスクで、高田屋嘉兵衛の弟嘉十郎の世話になり、松前に来てからは高田屋嘉兵衛あるいは中川五郎次に面会している（『督乗丸の漂流』から）。

第四節　異国船の漂着

異国船といえば、ペリーの黒船が真っ先に挙げられる。三浦按針については、最初の漂着は大分の臼杵であり伊豆ではない。

この次によく知られるのは、イギリス船のマリーナ号であろう。一八四九（嘉永二）年四月に、相模湾の松輪崎沖に現われ、自由勝手に測量を始めた。

マリーナ号はその後下田港に入港したため下田奉行が退去するよう伝えたが交渉に応じなかった。そこで韮山代官の江川坦庵が最高級の蜀江錦野袴をつけて政府高官として毅然と接したため、イギリス人たちは退去することになった。このマリーナ事件は幕府に海岸防備の必要性を説き、農兵の必要性を併せて説くこととなった（註二十二）。

以下、平井平次郎により書かれた『下田日記』にある伊豆近海に来た異国船を紹介したい。

・一七四〇（元文五）年五月二十八日（巻十四）
異国船一艘、下田湊口まで乗り入れる。
・一七五四（宝暦四）年六月（巻五十四）
八丈嶋漂着の南京船乗組七十一人が、嶋方の船十一艘で下田湊へ入る。
・一八一五（文化十二）年十二月二十九日（巻五十四）
南京船一艘が漂流し、港口に見える。
・一八一七（文化十四）年十月三日（巻五十五）
異国船、大島沖に見えたので警戒をする。
・一八一八（文政元）年五月十四日（巻五十五）
大島で異国船（イギリス船）が見えたので、代官に注進がある。
・一八三七（天保八）年（巻七十九）

●註二十二
マリーナ号が白浜沖から下田へ入港し測量をはじめたことで、江川坦庵が兵四十余人、大筒四門、頰付筒三四挺をたずさえて向かった。この後将軍から時服二着与えられた。

神子元島あたりで異国船が見える。韮山役所へ注進を出す。

文化・文政年間に異国船が伊豆近海に来ていた様子がわかる。そのために一八二五（文政八）年には異国船打払令を出すに至っている。

この中で宝暦四年と文政十二年の南京船漂着については、『下田日記』ではその様子を克明に伝えている。前者においては、南京人七十一人を下田港へ引き取り、

「殿様南京人舩忍ニ而出被遊候ニ付酒壹樽御持参被遊かゝみを打明ケ大ひしやく中ひしやくニ而南京人へ好次第猩ゝ呑とやらニ致させ南京人ニ保養致シ候様ニとの御意ニ候由獵舩ニ而田ノ尻へ御出被遊候……」『下田年中行事巻之五拾四』

と、殿様が酒樽を持参して南京人と酒を酌み交わしたとある。異国とは言え風貌が似ている点で親しみを感じてのことであろうか。

なお、十日あまり様々な飲食関係のものを南京船に差し入れている。

後者については、一ヵ月あまり下田港に滞在し、韮山代官も唐船に近づかぬようお触れを出している（註二十三）。この模様については江戸の幕府役人（支配勘定方）で、狂歌師でもある大田南畝（蜀山人）が和訳している（註二十四）。

いずれにせよ、中国船は漢字を媒介した筆談で、ある程度意思が通じたであろう。それだけに風貌も異なり、筆談ができない欧米の異国船への対応とはかなり違ったであろう。

●註二十三
出野和男「下田湊異聞」『伊豆新聞』（一九八八年七月二十一日付〜二十三日付）参照。お触れは玉泉寺文書にあり。

●註二十四
浜田儀一郎『大田南畝』には、年表に「下田漂着した南京船との筆談を和訳す」とあり、板垣賢一郎『続天城路』には大田南畝が、幕府役人として下田に来たとある。和訳したことは間違いないであろうが、下田湊へ来た史料は確認されていない。

第五節　海外移民

伊豆へたどり着いた外国人とは逆に、外へ出ていった伊豆人と言えば、第四章で述べたようにロシアへ行った橘耕斎であろう。

ここでは彼以外のいわゆる民間の無名人に焦点を当てていきたい。移民というと意志をもって異国に渡ったものであるから、江戸時代初期にシャム（タイ）で活躍した山田長政が相当しよう。朱印船貿易が行われ、東南アジアにはいくつもの日本人町が形成された。

しかし鎖国とともに海外移住ができなくなり、海外渡航の禁が解かれるのは一八六六（慶応二）年のことである。近代日本での移民は一八六八（慶応四）年四月以降となり、男女四十二人がグァムに、百四十一人がハワイに移住している。以後日清戦争までハワイ政府と日本政府の契約で移住するという完約移民が続いた。

日清戦争の年に政府は移民保護規則を交付し、民間移民会社に移民事業を譲渡した。静岡県民の移住を取り扱ったのは森岡商会東京営業所で、一九二〇（大正九）年には海外興業株式会社が一括するようになった（註二十五）。

それまでほとんどハワイが中心であったが、ハワイは一八九八（明治三十一）年にア

●註二十五
苦学生救助活動として財団法人日本力行会が一八九七（明治三十）年に創設されている。

メリカに併合されたため、移民先はアメリカに移るようになる（註二十六）。

募集については、一九〇六（明治三十九）年あたりから『静岡民友新聞』に移民募集の記事が再三出ている。「大陸移民合資会社　メキシコ国契約移民募集」、「北米墨国移民大募集」の広告があり（註二十七）、窓口は三島と大仁となっている。移民募集の代理人は東洋移民合資会社が執り行い、往航費を返還される特典が付いているが、これは行きっぱなし状態を意味しよう。また、一九〇八（明治四十一）年には、「南米ペルー国行移民募集」の記事が出ている（註二十八）。

この他『静岡県海外移住史』に県内移民の全容が書かれている。

アメリカ移民の最盛期は、一八九九（明治三十二）年から一九〇八（明治四十一）年までの間である。これは一八九八年にアメリカがハワイを併合したときに、日本人移民はよりよい労働条件を求めて渡米し、一九〇七年には日米紳士協定が結ばれ、アメリカへの移民を自主規制したためである。

そして一九二〇（大正九）年になると、

「北米合衆国への渡航者は減少　禁止禁止が大打撃した　墨国行も減った」（註二十九）

とあり、事実県内の北米移住者は一九一八年からの千六百四十八人に対し、翌年には千四百六十八人と減少している。

やがて一九二四（大正十三）年には新移民法（排日移民法）が成立し、日本人移民の

●註二十六
静岡県での移民の発祥地は清水市三保といわれている（『静岡県海外移民史』六十六頁）。

●註二十七
一九〇六年六月十五日付、九月二十三日付、一九〇七年四月九日付『静岡民友新聞』。

●註二十八
一九〇八年一月二十四日付『静岡民友新聞』。

●註二十九
一九二〇年五月二十四日付『静岡民友新聞』。

アメリカへの入国は全面的にできなくなってしまう。

このため、政府はブラジルへの移民を積極的に奨励する方針をたて、移民会社を含め補助したため、一九二二（大正十）年から一九三九（昭和十四）年に最盛期を迎える。日本人の仕事は主にコーヒー園での労働者という契約であった。

またこの裏には、関東大震災後の罹災者のためにブラジル移民への補助に力を入れたという真相がある。

一九三二（昭和七）年の『静岡民友新聞』記事には、

「海外渡航許可者　本年は既に一七二名　最多はブラジル行」とあり、このうち賀茂郡から四十八人、田方郡から十四人が渡航している（註三十）。

その後、関東軍や拓務省の手で試験移民として実施されてきた満州移民が、一九三六（昭和十一）年には国策として取り上げられるようになり、満蒙開拓青少年義勇軍が移民の主力となっていった。

この他、樺太、朝鮮、北海道への移住も紹介され、それぞれ静岡県海外協会から「樺太移住者募集」が、静岡県学務部長から「朝鮮不二農村移住者募集ノ件通牒」、「北海道自作農移住奨励ニ関スル件通牒」（註三十一）が市町村あてに出されている。通知されたのが昭和三〜五年の頃なので、昭和恐慌対策と時を同じくしている。

また、「英領ボルネオ移住勧誘映画会」が、静岡県海外協会長から下河津村長（現河

●註三十
昭和七年九月十三日付『静岡民友新聞』。同じく同月二十七日付の新聞には、ブラジル移民の希望の増加が記事として載っている。また、静岡県海外協会によるブラジル移民の呼び掛けがなされている。当時静岡県海外協会は県庁職業課にあった。

●註三十一
『静岡県公報』786、914号。

津町）あてに試写会通知として一九四〇（昭和十五）年に出されており（註三十二）、南方への移住も推奨されてきているのがわかる。

移民たちの子孫たちは、ペルー大統領となったフジモリ氏やアメリカ商務長官となったミネタ氏（父親が本県清水町出身）など、二世、三世での成功者もいるものの、一方では、中国残留孤児問題といった移民＝棄民という悲劇を生んだ面を見落としてはならない。

●註三十二
河津町役場所蔵「拓務訓練の栞」。

第六節　結　び

漂流民と言えば、ロシアへ行った大黒屋光太夫がよく知られているところだが、これまで授業などで触れる機会は少なかった。光太夫がロシアで女帝エカチェリーナ二世に会っていなければ、その後の漂流民の津太夫並みの小さな扱いになっていただろうし、帰国後の光太夫の行動は鎖国の名のもとに江戸小石川の薬草園に幽閉されたと記述されているが、実際には伊勢に帰ったり妻帯したりしているのである（註三十三）。

江戸時代は鎖国体制にがんじがらめの時代として捉えられてきたが、近年、鎖国史観についてはかなり見直されて来ている。

ともあれ、江戸時代にオランダ、中国のみの交易だけでなく朝鮮やロシアとの交易の

●註三十三
『へだ号の建造』に大黒屋光太夫署名と思われる白扇が紹介されている（勝呂實蔵）。

存在がかなり知られるようになり、オランダ風説書から得られた海外情報によって世界情勢について幕府はかなり的確に摑んでいたことを知らなくてはならないであろう。

漂流民については、各奉行所で驚くほど緻密に吟味し、調書がとられ、漂流民がどれほど正直に事の顚末を述べていたかを知ることができる。

最初に按針について取り上げたが、家康の外交顧問として重用されたがために、帰国の機会を逃す点は、漂流した他県の日本人にも同じような体験者をみることができる。

作家の吉村昭氏は、数々の漂流民に関する小説を書いているが、いずれも時代に翻弄された人間の生き様に視点を置いて描いている。このことは鎖国時代の江戸時代のみならず明治以降の移民政策においても言えることである。

異国での日本人は故郷を大切にしたし、いつか帰る時を励みにがんばってきた。よくチャイナタウンと呼ばれる中国人街があるが、日本人町もありその結束は強い。これまで、伊豆震災や狩野川台風の災害時には、海外の日本人から援助金を送ってもらった経緯があることも知っておく必要があろう（註三十四）。

さて冒頭でも述べたように、現代の外国人労働者問題にみる外国人共生の問題は、彼らが従来の短期的な労働者と言う立場から、居住者と言う立場に変わって来ていることを前提にしなくてはならない。

外国人の声をいかに行政に反映していくか、とりわけ多くのブラジル人が居住する浜

●註三十四
『静岡県海外移民史』百五十四頁。伊豆震災（一九三〇年）の時は、米国南加静岡県人会から、狩野川台風（一九五八年）の時は米国南加クラブ代表ら数カ所から義捐金を送付してもらっている。

松市のような自治体にとって大きな問題である（註三十五）。これまでの歴史の中では言語がその中枢を占めてきており、それを核として生活習慣が形成されて来ているように思うが、行政だけでなく民間においても常に考えていかなくてはならないであろう。

●註三十五
浜松市内に住む外国人労働者は、県内の二十七％（人口比十五％）を占め、うちブラジル人が六割を占めている（平成十二年十二月末現在、静岡県外国人登録国籍別市町村別人員調査表から）。

［第六章●参考文献］

・『大日本史料　第十二編之七』（東京帝国大学、一九〇四年）
・『慶長見聞集』（三浦浄心著、芳賀矢一校訂、富山房、一九〇六年）
・『伊東市史』（伊東市史編纂委員会、一九五八年）
・浜田儀一郎『大田南畝』（吉川弘文館、一九六三年）
・川合彦充『督乗丸の漂流』（筑摩書房、一九六四年）
・濱野建雄『伊東誌』（鳴戸吉兵衛写、伊東市立図書館復刻、一九六九年）
・『静岡県海外移住史』（静岡県海外移住協会、一九六九年）
・平井平次郎『下田年中行事』（長倉書店、天保十四年、一九六九年復刻）
・『セーリス日本渡航記・ヴィルマン日本滞在記』（村川堅固・尾崎義訳、岩生成一校訂、雄松堂、一九七〇年）
・板垣賢一郎『続天城路』（長倉書店、一九七九年）
・牧野正『三浦按針の足跡』（サガミヤ書店、一九七九年）
・牧野正『青い目のサムライ』（黒船出版部、一九八〇年）
・島田千秋『伊東覚え書』（静岡県出版文化会、一九八〇年）
・小和田哲男他『家康と駿河城』（静岡新聞社、一九八三年）
・森山俊英『わかりやすい続続伊東の歴史物語—近世編—』（サガミヤ書店、一九九〇年）

・『編年下田年中行事』（下田市教育委員会、一九九〇年）
・木崎良平『漂流民とロシア』（中公新書、一九九一年）
・P・C・ロジャーズ、幸田礼雅訳『日本に来た最初のイギリス人』（新評論、一九九三）
・『静岡県史　資料編20　近現代五』（静岡県、一九九三年）
・福原章皓「『船長日記』以前の督乗丸漂流譚『尾薩漂民記』について」『静岡県史研究第十二号』（静岡県、一九九六年）
・『静岡県史　通史編4　近世二』（静岡県、一九九七年）
・小林茂文『ニッポン人異国漂流記』（小学館、二〇〇〇年）

第七章

病気と世界史

第一節　はじめに

コロンブスの新航路発見に伴う大航海時代は、まさに世界の諸地域が連携する大航海時代の幕明けとなった。

アメリカ大陸、とりわけメキシコで産出された銀はヨーロッパにもたらされ、価格革命を起こし、さらにこの銀はヨーロッパと中国との貿易により東南アジアに流出し、やがて我が国に入って来るのである。

これと同様に、コロンブスがもたらした有名な物と言えば、「煙草と性病」で、双方とも瞬く間にヨーロッパ各地に広まったことはよく知られている（註一）。

この性病すなわち梅毒については、一五一二（永正九）年に日本に上陸しているから（註二）二十年間の時間のずれがあるにせよ、世界の一体化を示す例であろう。この逆に、コロンブス以後ヨーロッパからアメリカ大陸に天然痘が運ばれ、数多くのインディアンが死んでいる。

またヨーロッパにおけるペスト（黒死病）の流行は、歴史を変えるほど大きな意味をもつものとなった。最初は、古代ギリシアにおけるアテネであり、当時スパルタとペロポンネソス戦争中であったが、アテネは、指導者ペリクレスをペストで失い、地中海の覇権をスパルタに譲ることになったのである。次にペストは中世ヨーロッパ、すなわち十四世紀半ばにヨーロッパの三分の一を飲み込んで、農村社会に大いなる変化をもたらした（註三）。

つまり病気は世界史たる事象を具現化するものであり、われわれの身近な所にその一例を見つけることができるのである。

本章では、江戸時代から明治にかけて流行した種痘とコレラを中心に、世界史との関係から原因を探り、どのような影響を地方にもたらしたのかについて追っていきたい。

●註一
定説のようであるが、立川氏はその著『病気の社会史』の中で、梅毒の起源をヨーロッパ説とアメリカ説の二派の双方を紹介し、若干アメリカ説に傾いている程度である。

●註二
関西方面にもたらされ、「唐瘡」、「琉球瘡」と呼ばれた。

●註三
一三四八年頃に、フランスを中心に大流行した。封建制度とりわけ農奴の地位を変化させた。

●註四
一八二四（文政七）年に、ロシアの抑留生活後、牛痘の痘苗で種痘を行っている。

第二節　種　痘

種痘については、十八世紀末にイギリスのジェンナーが自分の子どもに種痘を行ったことに端を発するが、日本に根づくのにはかなりの時間を費やした。

作家の吉村昭氏がこれら一連の話を小説化しており、これを読むと大方の内容について把握することができる。実際最初に種痘に成功したのは十九世紀前半の中川五郎治で、ロシアに漂流した際に覚え、実行したことに始まる（註四）。

その後オランダ商館医のモーニッケが、一八四九（嘉永二）年七月の入港の際に牛痘苗をもたらし（註五）、これをもとに佐賀の鍋島藩医楢林宗建が接種に成功し、『牛痘小考』の著とともに広まった（註六）。

伊豆半島においては、開明派の代官であった韮山の江川坦庵が、翌一八五〇年三月に北江間村（現伊豆長岡町）の子どもを江戸屋敷に連れ、蘭方医の伊東玄朴（註七）のもと、種痘を行わせている。三人の子どものうち二人は成功したが、一人は死亡した。民間ではなく行政側が最初に行った事例である。

しかも江川坦庵は、この場に立ち会わせた八幡村（現伊東市）の蘭方医の肥田春安（註八）により、自分の息子たちへの種痘を試みている。これをもって、「種痘奨励告諭」

●註五
この前年のものは失敗している。
●註六
楢林宗建（一八〇二～五二）。長崎の蘭方医。シーボルトに師事し、モーニッケについて学ぶ。
●註七
長崎のシーボルト門下生で、蘭学三大家と称され、江戸に象先堂を建てた。その後西洋医学所頭取となり、クロロホルム麻酔などを手がけた。肥田春安は彼の門下生になる。
●註八
肥田春安（一七九七～一八七三）。江川家侍医。伊東の八幡野の生まれ。彼の五男の肥田浜五郎は咸臨丸機関長。

を出し、支配地に肥田春安を巡回させ、種痘を実施した。なお、現在、北江間には写真Aのような種痘記念碑が建てられている。

明治期に入ると、一八七〇（明治三）年、次のような太政官布告による「種痘普及世話方」が各府藩県令に通達された。

「種痘ノ儀ハ済生ノ法ニ候処僻ノ地ニ至テハ今以不相行向モ有之趣ニ付於府藩県末々迄行届候様厚ク世話可致事
但施行ノ法則等取調度向ハ大学種痘館ヘ申出伝習可致事」（註九）

すでに幕末期に蘭法医たちにより江戸お玉ヶ池に種痘所が建てられていたが、一八七四（明治七）年には牛痘種継所が設けられ、「種痘規則」、「天然痘予防規則」などが制定されるなど、国側からも種痘が奨励された。

静岡県では、一八七六（明治九）年に「種痘をすすめる布達」「種痘規則についての布達」が出された（註十）。この時の種痘料は十銭とあり、当時の価格で比較するならばうな重一食の半額に当たる。

さらに一九〇五（明治四十二）年の「種痘法」の成立により、すべての国民が出生の翌年六月までと、数え年十歳の計二回種痘を受けることを義務付けている（註十一）。

こうして、恐ろしい伝染病であり、病後あばた面になる疱瘡（天然痘）は激減したのであるが（註十二）、民俗学的にみると、民間人には長らくこの病気を恐れていたことが

写真A　種痘記念碑
（伊豆長岡町北江間）

●註九
『静岡県警察史・上巻』一〇六九頁。
●註十
『明治初期静岡県史料・第四巻』参照。

わかる。

広辞苑や大辞泉には、「疱瘡絵」、「疱瘡神」の語源が記載されている。前者は〈疱瘡よけのまじないに貼った赤摺りの錦絵。鍾馗、鎮西八郎為朝、桃太郎が描かれた〉とある。後者は〈祈ると疱瘡を免れたり、軽減してくれたりするとされた神。疱瘡をもたらすという悪神〉と、それぞれ説明している。

疱瘡神については、『静岡県史　自然災害誌』において、河津町慈眼院の「疱瘡婆さん」を紹介している（註十三）（写真B）。同地区には疱瘡よけを祈願した「疱瘡婆さん」（小豆を担いだ老婆の木像）を祀り、種痘祝いをした。疱瘡神については、森善壽氏も『宇佐美の年輪』の中で、宇佐美地区の三体を挙げているが、神社・寺を問わず、祀ったようである。これについては広域を調べる必要があろう。

写真B　疱瘡婆さん

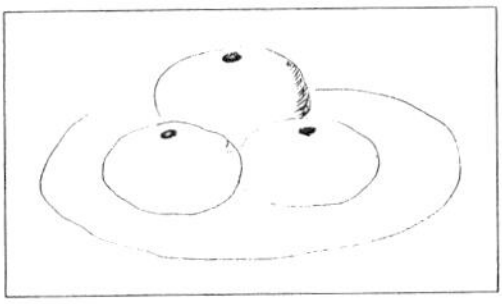

図1　疱瘡だんご

また「疱瘡だんご」の風習も長らく続けられた。これは米の粉をこねただんごを作り、上に赤く紅を付けるもので、この団子を道祖神（寒の神）にお供えするのである（図1）。

田方郡下では戦後はほとん

●註十一
静岡県では翌年二月に「市町村種痘医事務整理ニ関スル件」により法整備された。
●註十二
一九七九（昭和五十四）年、世界保健機構（WHO）では根絶宣言した。
●註十三
慈眼院本尊の左脇にある。裏書に、「天城山疱瘡神宮之縁起、南閻浮提大、日本国東海道伊豆州賀茂郡川津床梨本村天城山疱瘡神、伝エ聞くに、大永年中の頃、当国賀茂村の出生に而婆子有。其頃拝借金の利銭を捧げて自ら此山を越さんと欲す。悲しい哉、老客にて思い能はず、終に中路に倒れ死す。法名を永峯妙山大姉。今は其坂を上坂と云ふ。其

ど実施しなくなったと言うが、韮山では、疱瘡神を「桟俵」の小さいものを作り、その上に径六糎長さ二十四糎ほどの巻藁を作り、赤い紙で独特の注連を切り、女竹を割った間に挿して寒の神にお供えしたと言う。その際のだんごは三糎ほどで、中に飴が入れてあった（註十四）。

また、三島では昭和三十〜四十年頃まで実施され、種痘接種が成功したお祝いとしてだんごを作り、近所に配ったと言う。当初は米の粉であったが、菓子屋に注文するようになっていった（註十五）。

その他、中伊豆町原保における疱瘡除けは次のような風習であった。すなわち、カズの木を割って、五、六本の小木にして、それを縄で縛り筏のように組み、その上に団子をのせたサンダワラをおいた。団子はほうそう団子といわれ、米粉で作り赤く染めたもので中には小豆あんが入っていて、子供の神であるサイノカミにも供えられた。作った筏は「ほうそう神を村の外に出す」ために川に流された（註十六）。

それぞれ似たような形式で行っている。

第三節　コレラ

后霊験有、宮を建立し、疱瘡神を勧請し奉る。又其后、数度再興・造営すると雖も、山気深く宮殿甚だ零落す。今年祢宜之稲葉某、村中の氏子・十方の志を集め、今之を再興・造営す。仰き翼くは　天下清平　国家安全　氏子繁栄　息災延命　所願成就　専ら祈りに祈る　造営之時、于時享和三癸亥三月朔日」とある。享和三年は一八〇三年のことである。

●註十四
『韮山町四日町の年中行事と思い出す事』二五頁。

●註十五
半田衛『三島郷土史論考』六六頁。

「江戸時代は鎖国をしていた」と中学校や高校で習ったため、日本はほとんど海外と交流していなかったとして、これを鵜呑みにしていると大きな誤解を生むことになる。貿易は長崎においてオランダと中国、さらには朝鮮との繋がりがあっただけに、ここから病原菌も入り込む可能性があり、事実入り込んで来たのである。その筆頭がコレラである。

コレラはインドの一地方（ガンジス川）の風土病と言われるが、日本に上陸するのは、江戸時代において一八二二（文政五）年が初めとされており（註十七）、以後五八（安政五）年、六二（文久二）年にそれぞれ流行している。

一八五八年といえば、日米修好通商条約の調印された年であるが、ポンペの『日本滞在見聞録』によれば、アメリカのミシシッピー号が菌を持ち込んだと記述されている（註十八）。

コレラは激しい下痢と嘔吐を繰り返す消化器系急性伝染病で、当初「虎列刺」（虎列羅）病と命名されていた。またコロリと二、三日で死んでしまうことから「虎狼狸」とも呼ばれた。

幕末とて西洋医学も発達していない時期であり、念仏や加持祈禱にすがるほかなく、妙薬として、

「一　黒豆せんじ用

●註十六
『原保の民俗―田方郡中伊豆町―』（静岡県民俗調査報告書第四集）参照。中伊豆町小川の手老氏から聞き取り。

●註十七
一八一七年にインドから、翌年十二月に本土から錫蘭へ、一八一九年にはイギリス兵艦でモーリシャス島に移され、またマラッカ半島に伝わり、五年を要している。

●註十八
『ポンペ日本滞在見聞記』二八八頁。中国から持ち込んでいる。

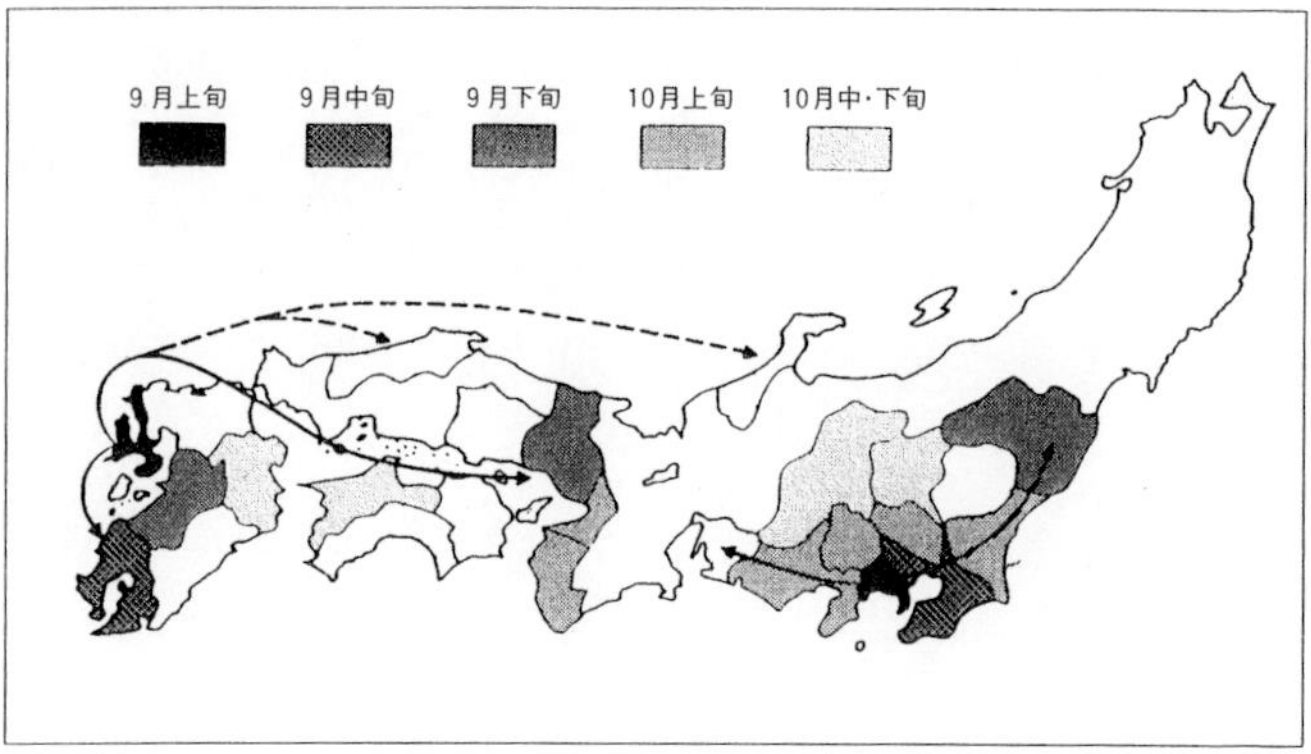

図2　コレラ伝染経路
『静岡県史・自然災害編』参照

一　桑の葉もよし
一　茗荷の根もよし
右者　昔柴村藤三郎様御代官之砌　諸国流行急病之節　公儀ゟ御触御座候儀　一昨日廿五日両町方名主ゟ一統へ触出し候」（註十九）

これは韮山代官の指示と思われるが、民間療養もこれに類している。

県内に広く伝染したのは一八七七（明治十）年のもので、この年の九月に横浜のアメリカ商館から広まったが、その源は隣国中国のアモイで流行していたコレラが運ばれて伝染したものであり、同時に長崎にももたらされていた。

後者にとっては、この明治十年という年が西南戦争のあった年でもあり（註二十）、流行を助長したという点で当時の世相と絡んでくる。

静岡県はこの東西の通過点でもあるが、横浜からのものと言われる（図2）。

●註十九
『袖日記八番九番』二〇〇頁。

●註二十
西南戦争従軍者が帰省する際にコレラ菌を運んだ。

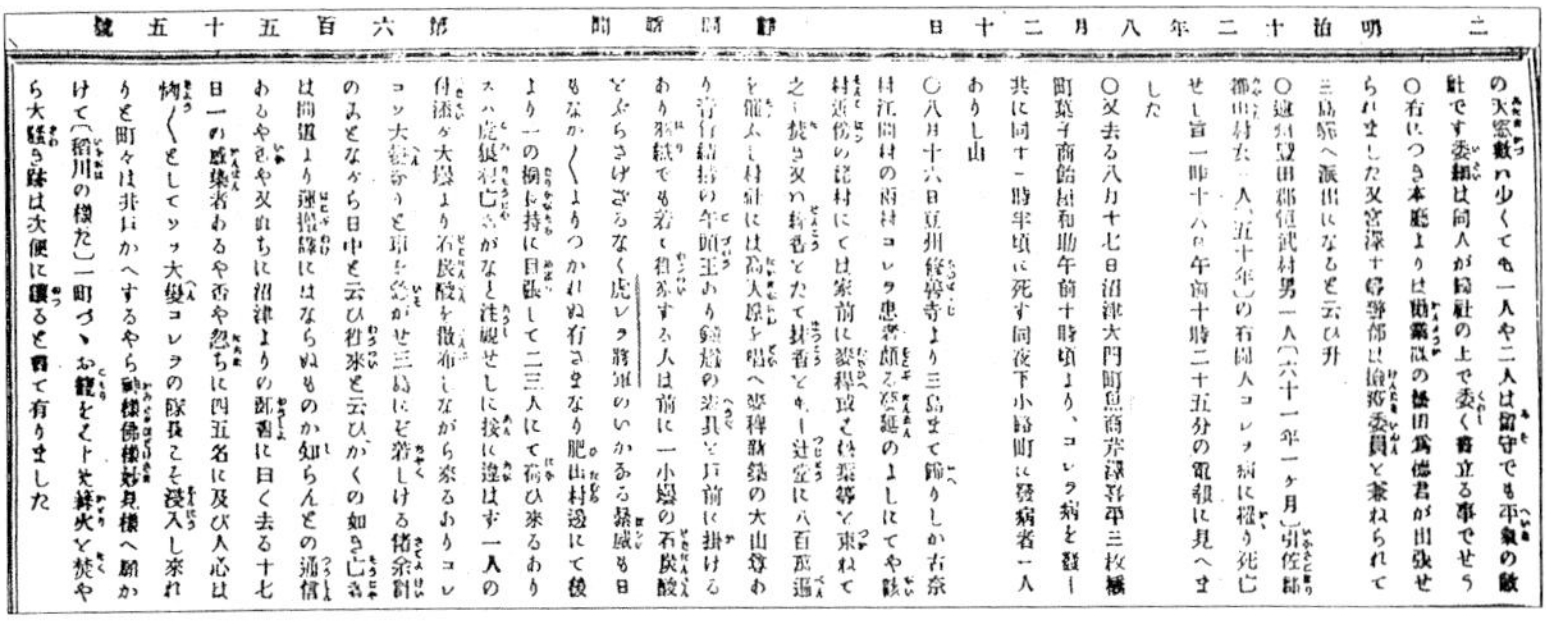
二　明治十二年八月十二日　静岡新聞　第六百五十五號
の大窓數ハ少くても一人や二人は留守でも平氣の敵社です委細は同人が歸社の上で委く書立る事でせう
○右につき本廳よりは衛生課の桜田爲儀君が出張せられました又宮孫十郎郡長は檢疫委員と兼ねられて三島驛へ派出になると云ひ升
○遠州豊田郡倉武村男一人(六十一年一ヶ月)引佐郡都田村女一人(五十年)の右両人コレラ病に罹り死亡せし旨一昨十八日午前十時二十五分の電報に見へました
○又去る八月十七日沼津大門町魚商芹沢孫平三枚橋町菓子商飴屋和助午前十時頃より、コレラ病を發し共に同十一時半頃に死す同夜下小路町に發病者一人ありし由
○八月十六日豆州修禅寺より三島まで歸りしか右奈村江間村の両村コレラ患者頗る蔓延のよしにてや該村近傍の諸村にては家前に…を束ねて之を抜き又ハ線香をたて抹香をも一斗位に八百萬遍を唱ふる村には…を唱へ…の大山…あり…の年頭王あり鎮臺の…を門前に掛けるあり獄にても…する人は前に一小壇の石炭酸をならさげざるなく虎レラ將軍のいかなる暴威も日もなかなかよりつかれぬ有さまなり肥田村邊にて彼より一の桐に持に目張して二三人にて荷ひ来るあり又ハ虎狼利亡ふがなと注視せしに接に違はず一人の付添が大壜より石炭酸を撒布しながら来るありコレコツ大変なりと頭を…せ三島にぞ着しける…余計のみとながら日中と云ひ往来と云ひかくの如き亡者は間道より運搬…にはならぬものか知らんとの通信あるや否や又もちに沼津よりの郵書に曰く去る十七日一の感染者あるや否や忽ちに四五名に及び人心は恟々としてソッ大變コレラの隊長こそ浸入し来れりと町々は…かへするやら神様佛様妙見様へ願かけて(稲川の様だ)一町づゝお龍をとて松火を焚やら大騒ぎ跡は次便に譲ると書て有りました

コレラ記事(明治一二年八月一二日)

県はこれに対し、内務省令達「虎列刺病予防心得」(註二十一)を受けて、同年九月に「虎列刺病流行ノ節各自ニ注意ス可キ養生法」を、さらに「虎列刺病予防法並薬法」も布達し、コレラ病発生時の届出義務、患家の措置、死体の取扱い、消毒法の実施などを定めた。

その二年後の一八七九(明治十二)年の流行は、さらに勢いを増した全国的規模のもので、死者は十万人を超えた。

この年の八月に伊豆にも蔓延し、百人以上の患者を出し、その七割が死亡した。とりわけこの時はアメリカ元大統領のグラント将軍が来静の折で、当時の静岡新聞ではこのコレラ情報とグラント将軍の動向が並行して記載されている(註二十二)。

新聞記事の中で、「虎レラ将軍」なる名称が付けられているのは、いささか滑稽さを感じるが、その恐怖は多大なるものであったと推測される。人々は神頼みし、念仏を唱えたのであった。

●註二十一
明治十年八月二十七日内務省達乙第七十九号

●註二十二
グラント将軍は最初に長崎に投錨した後、当時開港していなかった清水港に投錨している。これは当時全国に流行していたコレラを避けるために清水港を投錨の地に選んだと言う説もあるが、富士山に近い所をということでここに投錨したと言う説をとりたい。

しかしながらこの時の伊豆での蔓延に対し、隣の駿東郡下では、次のような諭達を発令した。
目下コレラ病追々蔓延致シ……警察官吏等出張予防消毒法等ニ注意致シ候儀モ有之候得共患者ノ排泄物ヲシテ狩野川筋へ投棄致シ候……間沿川住人民ニ於テハ川水ヲ飲料ニ致シ候儀ハ勿論衣服器物等洗浄不致様注意可致旨諭達有之度此旨相達シ候也
（註二十三）
国はこれらに対し、六月に太政官布告をもって「虎列刺病予防仮規則」を発布し、県はすぐにこれを受けて布達した。さらに内務省は、医師を招いて意見を聞き、医療と衛生（註二十四）の面の方策として中央衛生会～地方衛生会という形で、衛生行政に努めている（註二十五）。
三島では、防疫のために巡査が出張し、以下のものを用意させた。
半紙……患者の部屋の目張り
霧吹きと酢……酢を霧吹きで患者の部屋に充満し消毒
石油……患者の吐瀉した汚物の焼却
他に……ローソク、木炭、玄米、副食品、酒、卵
そして村の出入口に竹矢来を組んで、人の出入りを禁止した（註二十六）。
『韮山町史』には、当時のものに「コレラ予防祈願」として、県社皇大神社祠官から君

●註二十三
『静岡県警察史・上巻』一〇四七頁。
●註二十四
「衛生」という日本語を創造したのは長與専斎で、彼は熱海に噏汽館という温泉療養施設を建てた。後に内務省衛生局長となる。
●註二十五
これより先、東京大学医学部教授のベルツは「虎列刺病概略」を著述し、コレラ予防について説いている。
●註二十六
半田衛『三島郷土史論考』六五頁。

沢田方郡長宛の文書が紹介されている（註二十七）。

まさに医学が加持祈禱と混同されている様が窺える。幕末期から二十年たっていても何ら民間では変わっていない。

さらに大仁町吉田では、コレラの流行が高勝寺高王白衣観音の祟りということで、お堂を新たに建立して遷座させたと言う（註二十八）。写真Cに見える碑に、明治八、十二、十九年に流行したと刻まれているが、明治八年の流行の有無については疑問が残るところである。

その他、『虎列刺豫防諭解』といった書物が配布されているが、この編輯は内務省社寺局衛生局が行っている。「虎列刺病予防法心得」が、三島神道事務分局から出されているのは、社寺局からの流れであろう（註二十九）。

なお、一八八〇（明治十三）年七月の太政官布告により「伝染病予防規則」が制定されるが、「伝染病予防法」が制定されるまでには、さらに十七年の歳月を必要とした（註三十）。

ここで言うところの伝染病とは、コレラ、腸チフス、赤痢、ジフテリア、発疹チフス、疱瘡の六種で、その後ペスト、猩紅熱、パラチフス

写真C　コレラ死者供養碑（大仁町吉田）

●註二十七
一九六九（明治十二）年八月。

●註二十八
大仁町誌『吉田村史』七三頁。

●註二十九
『静岡県史　資料編17』六八七頁（明治十三年六月）。

●註三十
一八九七（明治三十）年制定。県達の六伝染病予防法心得（明治十四年）には、清潔法、摂生法、隔離法、消毒法などが書かれている。

が加わった。

なお、伊豆ではその後、一八八二（明治十五）年、一八八六（明治十九）年にそれぞれ大流行し、火葬場位置に関して争議が生じ、竹槍や棍棒を持ち出す騒動が起きている（註三十一）。

表1は県内の主なコレラ罹患者と死亡者である。これを見てもわかるように、一八七九（明治十二）年、一八八二（明治十五）年を頂点として減りつつあった数字が、一八九五（明治二十八）年に若干上がった点は付記せねばならないであろう。

周知のとおりこの年は日清戦争の終結の年であり、中国遼東半島方面に流行していた

表1　県内のコレラ罹患者と死者（数字：人）

年	田方	賀茂	県内
1877（明治10）			（　43）
1879（明治12）	124（ 86）	127（ 99）	1264（ 707）
1882（明治15）			2962（1870）
1886（明治19）	17（ 10）	278（199）	737（ 534）
1890（明治23）	7（　5）	86（ 72）	395（ 299）
1895（明治28）	12（　8）	66（ 54）	411（ 284）
1912（明治45）	28（ 12）	49（ 13）	79（　27）

（『静岡県史　自然災害編』、『静岡県警察史』参照）

（註）1896（明治29）年までの行政区分に注意

1889年以前　　1889年以後

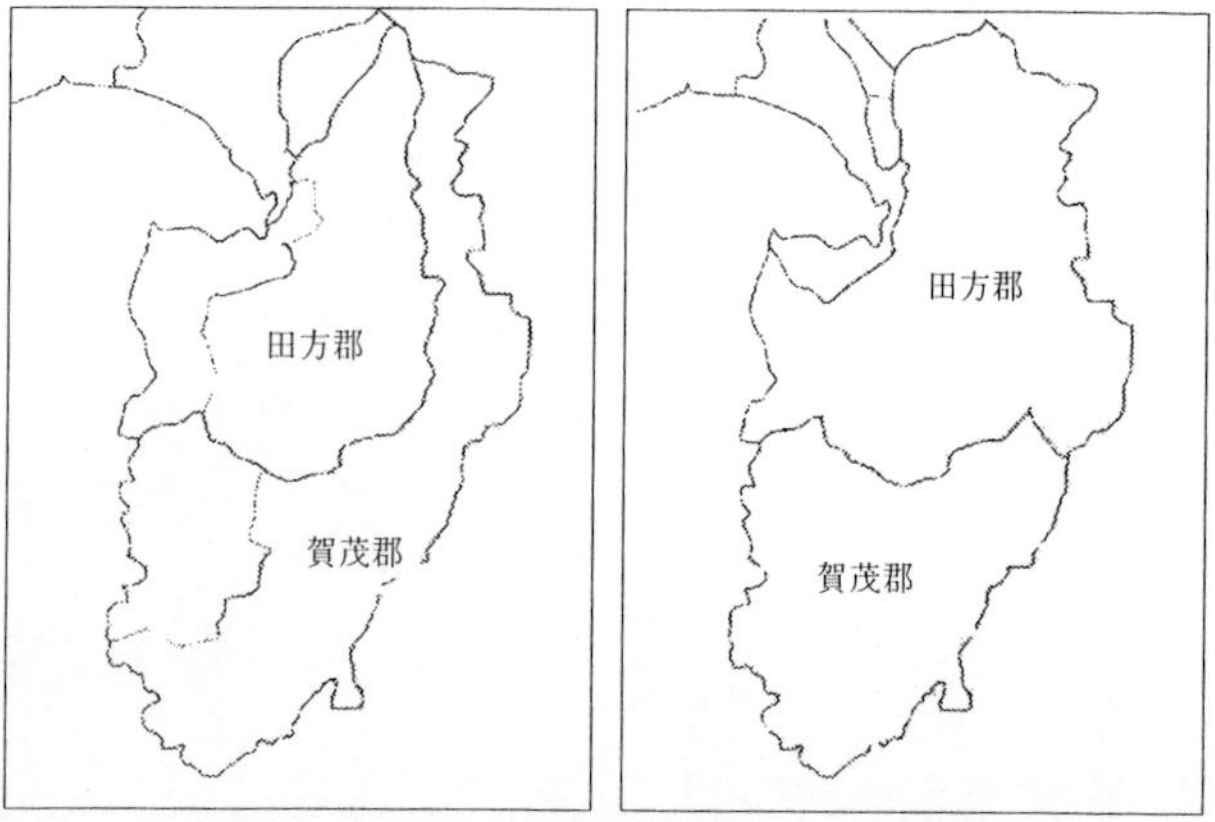

（現在は各郡から三島、伊東、熱海、下田市が独立している）

県下開業医員較県下人民人口比照表　明治十五年一月調査（前号の続き）

国名	郡名	内務省発行免状医	一人平均年齢	従来開業医 洋法	一人平均年齢	従来開業医 漢法	一人平均年齢	合計 医員	一郡医員ノ平均年齢	人口	医師一人ニ付人口ノ比例
伊豆国	賀茂郡	六	二十八年六ヶ月	二六	四十四年一ヶ月	四〇	五十一年四ヶ月	七二	四十七年七ヶ月	七三、五六九	一、〇二二
	那賀郡	〇	〇	四	四十年七ヶ月	三	五十八年九ヶ月	七	四十八年五ヶ月	一〇、七三六	一、五三四
	君沢郡	一	三十四年一ヶ月	一〇	五十六年九ヶ月	九	五十二年十ヶ月	二〇	四十八年七ヶ月	三三、六九〇	一、六八五
	田方郡	四	二十五年五ヶ月	六	十八年十一ヶ月	一二	四十八年六ヶ月	二二	四十四年六ヶ月	二五、四七〇	一、一五八
駿河国	駿東郡	三	三十年四ヶ月	三七	四十九年八ヶ月	一四	五十九年十一ヶ月	五四	四十八年二ヶ月	七四、二〇六	一、三七四
	富士郡	四	三十九年三ヶ月	二〇	四十四年五ヶ月	一一	五十二年八ヶ月	三五	四十六年七ヶ月	六三、四〇六	一、八二六
	庵原郡	〇	〇	一三	四十三年	一五	五十一年十一ヶ月	二八	四十八年	五一、六一二	一、八四四
	有渡郡	九	三十五年四ヶ月	八	四十年十一ヶ月	一七	四十八年八ヶ月	三四	四十三年	六四、一三八	一、九〇七
	安倍郡	五	三十八年二ヶ月	六	四十四年	一六	四十四年一ヶ月	二七	四十二年一ヶ月	五一、六一五	一、九八一
	志太郡	三	二十九年九ヶ月	一一	三十年四ヶ月	三	四十八年十一ヶ月	四九	四十九年	七九、〇五〇	一、七五七
	益津郡	三	四十五年九ヶ月	三	四十七年一ヶ月	七	四十三年十一ヶ月	一一	四十一年六ヶ月	一九、五一八	一、七七四
遠江国	榛原郡	一	二十三年十一ヶ月	九	三十年二ヶ月	二二	四十五年四ヶ月	三二	四十二年	六一、三四一	一、九・七
	佐野郡	四	三十四年七ヶ月	七	四十八年六ヶ月	七	五十九年一ヶ月	一八	四十三年二ヶ月	三一、四〇六	一、七四五
	城東郡	一	二十九年二ヶ月	三	四十年九ヶ月	三三	四十五年八ヶ月	二七	四十四年九ヶ月	五三、五六九	一、九八四
	周智郡	三	二十六年一ヶ月	三	五十二年十一ヶ月	一一	四十八年四ヶ月	一七	四十四年八ヶ月	三三、七七八	一、九八七
	山名郡	一	三十五年二ヶ月	四	四十一年一ヶ月	一二	四十九年四ヶ月	一七	四十四年八ヶ月	二六、一三三	一、三三七
	豊田郡	二	二十八年	二	四十四年	二九	四十九年二ヶ月	三四	四十七年五ヶ月	六三、〇七四	一、八五五
	磐田郡	一	四十八年三ヶ月	〇	〇	一	四十一年一ヶ月	二	四十二年八ヶ月	四、九九九	二、五〇〇
	鹿玉郡	〇	〇	〇	〇	〇	〇			三、三八三	
	引佐郡	三	二十九年三ヶ月	三	四十一年一ヶ月	六	三十年十ヶ月	一一	二十五年六ヶ月	一一、九二九	一、九九四
	敷知郡	一五	三十二年	一〇	四十六年二ヶ月	一八	四十二年二ヶ月	四三	三十八年八ヶ月	八〇、七八四	一、九七二
	長上郡	二	二十五年十一ヶ月	八	三十七年十一ヶ月	一四	五十四年四ヶ月	二四	四十八年六ヶ月	四一、一九一	一、七一六
	濱名郡	〇	〇	[illegible]	五十一年	二	二十八年	五	四十五年二ヶ月	三、五二九	七〇六
合計		[illegible]	三十二年五ヶ月	[illegible]	四十三年七ヶ月	三二〇	四十八年九ヶ月	[illegible]	四十五年十一ヶ月	九七六、八[illegible]	一、六七〇

静岡県内医者数（『函右日報』）

コレラが、出征兵士の帰還とともに本国に持ち込まれたことが原因である。

やがて大正期に二度ほど発生はしたが、昭和に入るとコレラ対策はほぼ浸透していったとみることができる。

ところで今までみて来た中で実際に医者の数はどうだったのであろうか。

県内に最もコレラ患者の多かった一八八二（明治十五）年の『函右日報』に県下開業医の表が掲載されている。洋法の医者が百九十六人に対し、漢法の医者は三百二十人と数では大きく凌駕しており、このあたりも対応策を鈍らせた一つとも考えられよう。

コレラの流行は医療機関の必要性をより高めたと言える。

なお、作家井上靖の曽祖父にあたる井上潔は、一八七二（明治五）年に韮山に戻り足柄県医務局長に就任し、公立病院設立の下地を作るべく活動している（註三十二）。

●註三十一
『静岡県警察史・上巻』一〇五九頁。これはそもそも松崎警察署沿革誌に記載されていたものである。

●註三十二
井上潔はポンペに師事した蘭医の松本良順の教えを受けた。明治八年には、エレキテル・アダンピタチーメス・検尿器・検温器・顕微鏡など解剖器械一式を購入することを願い出ている（『韮山町史第十二巻』）。

第四節　ペストその他

第一節でも述べたが、ペストは世界史史上最も歴史を変えた伝染病ではないかと思う。しかしながら、我が国では歴史を変えるまでには至らなかった。

我が国では、一八九九（明治三十二）年に、台湾から帰港した乗客の一人が広島でペストにより死亡したことが最初とされ（註三十三）、すぐに国は「ペスト予防ノ為家鼠駆除方」を通達する。同年、県内の浜松と沼津で患者を出している。以後我が国では一九二六（大正十五）年以降、ペスト患者の発生をみていない。

以上疱瘡、コレラ、ペストと挙げてきたが、その他赤痢やチフス、ハンセン氏病といくつかあるがここでは割愛し、最後にインフルエンザ（流行性感冒）に若干触れておきたいと思う。

インフルエンザは急激に発病し、流行も爆発的で短期間内に広がり、罹患率の高いものである。種類はA～C型とある。

インフルエンザで有名なものは、一九一八（大正七）年から翌々年にかけて流行したスペイン風邪が有名である。当初はフランスで発生し、スペインに渡って猛威をふるい、そこから世界中に伝染していったものである。

●註三十三
『内務省史・第一巻』参照。

この背景には第一次世界大戦があり、戦争終結により帰還兵とともに拡大していった（註三十四）。

日本では、二千三百八十万人が罹患し、三十九万人が死亡したとされる（註三十五）。

県内では一九一八年十月から蔓延し、翌年一月中旬から三月まで流行した。

次は、一九五七（昭和三十二）年のアジア風邪であり（註三十六）、一九六八（昭和四十三）年の香港風邪であった（註三十七）。

現在、A／ソ連型、A／香港型、B型ウイルスのいずれかが、流行する三種類と言われているが、現代人の航空輸送といった交通革命によりウイルスの移動する速度はより早まっている。

第五節　結び

伝染病の予防は、病原菌を国内に持ち込まないことであり、このことは空港などでしばしば検疫され、その情報が流される。実は検疫のことは一八六二（文久二）年のコレラ流行の際に、蕃所調所の教師たちが指摘してきたことである。

それゆえ、明治最初にいくつかの伝染病が広まった理由は、外国船に対して海港検疫ができなかったことに尽きる。これにより病原菌は上陸してしまうわけで、つまりは治

●註三十四
患者は全世界の三分の一、或いは半分ともいわれ、死者は一千万～二千万人とされる。

●註三十五
『静岡県医療衛生史』二二一頁

●註三十六
日本では、九十八万人が罹患し、八千人が死亡した。

●註三十七
日本では、十四万人が罹患し、二千人が死亡した。

外法権を認めた不平等条約のために、入港してくる外国船に検疫官が立ち入れなかったわけである（註三十八）。

伝染病予防法が制定されるのは、一八九七（明治三〇）年であることは、その三年前に治外法権の撤廃という不平等条約の改正を受けてのことと相関しているのである。

第二節で先述した、伝染病予防規則が制定されてから法となるまで十七年を費やしたのであるが、明治二十年代はいかなる状況であったか考えてみる必要があろう。条約改正さらには日清戦争と、国は富国強兵策を講じており、衛生行政は停滞していたと言ってもいいであろう。立川昭二氏はその著『病気の社会史』の中で繰り返しそのことを指摘している。

また『南豆風土誌』には次のような記述がある。


……されど衛生思想の發達せざることゝて、同規約も遺憾なく実行せられか疑はし。衛生組合を組織して、演説講話をなし、幻燈を用ひて説明し、……


そこに見るのは当時盛んであった民権運動と同様の形ではないかと捉えられよう。

また昔は、予防・衛生という観念が乏しかっただけに、神仏にすがるのは当然とも言えるが、「疱瘡だんご」のように民間信仰の形として長らく存在してきたことも事実である。

これは現在も、妊婦に戌の日として、妊娠五ヶ月目の帯祝いを行うのと同じようなこ

●註三十八
『一〇〇問一〇〇答日本の歴史五　近代』一四三頁。

とであろう。理由は犬のお産が軽いことから安産を祈願するものであるが、病気祈願に対する風習は古今東西現存し続けるものと言える。

本章は、病気に対する民俗学的な面の調査が不十分であり、今後の課題としたい。

なお、一九九九（平成十一）年四月一日から「感染症の予防及び感染症の患者に対する医療に関する法律」が施行された（註三十九）。これは「伝染病予防法」が制定されてから実に百年の歳月が流れている。

この背景には感染症患者等の人権保護への配慮や、新しい時代の感染症対策がある。法改正に百年の歳月が流れていることについては、別の角度から考えていかなくてはならないであろう。

●註三十九
伝染病と感染症の定義については、感染症には伝染性感染症と非伝染性感染症があり、伝染病は伝染性感染症のことであるので、感染症という枠組みの中に伝染病は含まれるものである。


（追記）

日本で最初の伝染病研究所を創設し、ペスト菌の発見を初め、多くの病原体を発見したのは北里柴三郎である。

細菌学者でもあった彼は、公衆衛生思想の普及に一役買ったが、伊豆伊東に別荘を建て、さらに伊東の温泉に着目し、日本初の温泉プールをそこに建設している。

今日の温泉療養は、先の長與専斎にしろ、北里柴三郎にしろ、伊豆の温泉に着目し、現在に至っているのである。

［第七章●参考文献］

・『明治初期静岡県史料・第四巻』（静岡県史料刊行会、一九七〇年）
・『静岡県史　資料編16近現代一』（静岡県、一九八九年）
・『静岡県史　別編1民俗文化史』（静岡県、一九九五年）
・『静岡県史　別編2自然災害誌』（静岡県、一九九六年）
・沼田次郎・荒瀬進訳『ポンペ日本滞在見聞記』（新異国叢書十、雄松堂、一九六八年）
・富士川游『日本疾病史』（東洋文庫、一九六八年）
・立川昭二『病気の社会史・文明に探る病因』（日本放送出版協会、一九七一年）
・土屋重朗『静岡県の医史と医家伝』（戸田書店、一九七三年）
・『大仁町誌編纂史料第七輯・吉田村史』（大仁町教育委員会、一九七七年）
・土屋重朗『静岡県医療衛生史』（吉見書店、一九七八年）
・『静岡県警察史・上巻』（静岡県警察本部、一九七九年）
・『内務省史・第一巻』（原書房、一九八〇年）
・島田千秋『伊東覚え書』（静岡県出版文化会、一九八〇年）
・森善壽『宇佐美の年輪』（伊豆新聞社、一九八一年）
・菊池万雄『日本の歴史災害・明治編』（古今書院、一九八六年）
・『静岡県民俗調査報告書第四集　原保の民俗』（静岡県、一九八七年）
・半田衛『三島郷土史論考―慶応～平成まで―』（錦田郷土研究会、一九九六年）
・『韮山町四日町の年中行事と思い出す事―町史別篇資料集四』（一九九六年）
・『韮山町史第十二巻』（韮山町史観光委員会、一九九七年）

・『感染症の予防及び感染症の患者に対する医療に関する法律』（中央法規、一九九八年）
・ロバート・S・デソウッツ『コロンブスが持ち帰った病気』（翔泳社、一九九九年）
・歴史教育者協議会編『一〇〇問一〇〇答日本の歴史五　近代』（河出書房新社、一九九九年）

第八章
グラント将軍の来静と対応

第一節　はじめに

グラント将軍の名を知っている人は多い。今から百年以上昔、アメリカの南北戦争における北軍の将軍であった人である（註一）（写真A）。

彼はリンカーンが暗殺された後、ジョンソン大統領が就任し、その後を受けて一八六九（明治二）年に第十八代大統領となり、二期を務めた。政界を引退した後、世界旅行に出かけ、一八七九（明治十二）年に来日し、静岡県にも立ち寄ったのである。

●註一
ユリシーズ・シンプソン・グラント（一八二二〜八五）。政治家、軍人。共和党より第十八代大統領として、一八六九年から七六年までの二期を務める。

四年ほど前の一九九八年四月に、当時の橋本首相がロシア大統領のエリツィンを伊東の川奈ホテルに迎えたことは記憶に新しいが、この時の歓迎模様が百年前のグラント将軍と酷似している。

エリツィンの来日が一週間遅れたので、彼のために日本を代表する桜（の花見）を見せようと用意をしていたわけであるが、いかにして開花状態を維持させるか舞台裏では苦労したことを聞いている。グラントにおいても、富士山が好きであるとのことで、富士の雪をいかにして見せるかという苦労話が残されている。

グラントの来日の記録はいくつかの文献で紹介されているが、静岡に関するものは少ない。

たまたま一九三六（昭和十一）年の静岡県郷土史研究会の会報に、「グラント将軍の来朝と静岡県」という題で、影山勝氏が執筆したものを目にした。

これは明治期の『静岡新聞』の記載をもとにグラント将軍の行動を日付で整理したものであった（註二）。

そこで、改めて当時の新聞記事を追うこととし、歓迎の様子をいくつか掘り起こした。また非公式ではあれ、彼の外交面で果たした役割についても考察の対象とした。

写真A　グラント将軍（上野公園）

●註二
三島市郷土館において、昭和六十三年三月二十六日～五月三十一日の間に、企画展「新聞に見る三島の明治・大正・昭和（初期）展」を開催しており、その中でグラント前大統領来島と題して紹介している。

第二節　来静の様子

グラント将軍は当時すでに開港されていた長崎港にまず最初に立ち寄った。当時長崎港は開港されていたが、次に投錨した場所は開港されていない清水港であった。これはグラントが富士山を意識していたことに他ならない。ハリスやオールコックの手記にあるように外国人にとっての富士山は特別なものであったようである。『グラント将軍日本訪問記』の著者ジョン・ラッセル・ヤングは、富士の威容についてかなり詳述している。その一部は次のようなものである。

……富士山は壮麗な山のひとつである。山頂は万年雪におおわれている。……空は雲でおおわれていたが、やがて天を摩するようにそびえ立つ輪郭が見えて来た。……青青とした丘とその窪地をうねうねと続く平原に瞳を凝らした（註三）。

本稿第二章の外国人たちが見た時と同様の著述ぶりである。

一八七九（明治十二）年七月一日、上陸後グラントは清水興津の清見寺に人力車にて赴いた（註四）。翌日彼の家族を含め、茶の製造工程を見学した後、静岡の浅間神社へ案内される。この時大迫県令が接待にあたった（註五）。しかしながら同日中に軍艦に戻ると、横浜港へ向かったため静岡・清水における滞在はわずかであった。まさに富士山を

●註三
『グラント将軍日本訪問記』七十頁。

●註四
同年七月三日付『函右日報』によれば、その夜は軍艦に戻って宿泊している。

●註五
この時、当時県内唯一の西洋式建築物であった静岡師範学校が休憩所となった。また当時県会議長だった磯部物外がここの監事であった。

見るがために立ち寄ったのである。

この年できた静岡県会はすぐに、このことを取り上げ、グラント氏饗応接待委員を選出し、改めて本県へ招聘する準備をすることとした。

議事堂で投票があり、伊豆からは饗応接待委員に、小川宗助、土屋真五郎（真吾）、接待副委員に木村恒太郎、遠藤文作らが選出された（註六）。

第三節　三島における対応

グラントは東京で政府要人たちから歓迎され、上野公園を散策したり、日光東照宮にも赴いている。

ベルツ（註七）は日記の中で、「昨夕、上野の精養軒で東京在住のアメリカ人が歓迎宴を開いた」と書いている。さらには、「グラント将軍は日本側から極端に過度の歓迎を受けている」、「この貧乏な東京市だけでグラント将軍に十二万マルクを支出したというが……」と次第に呆れた口調で書き綴っている。むろん、ベルツは後述するように、日本側が条約改正（関税問題）でやっきになっていることを見越して言っているわけだが、この後に隅田川での歓迎花火についても触れている。

東京でグラントが歓迎ぜめにあっている頃、その間準備に追われた静岡県では、歓迎

●註六
明治十二年七月十七日付『重新静岡新聞』。饗応接待委員は他に駿河から磯部物外、和田傳太郎、遠州から近藤準平、丸尾文六、接待副委員に駿河から池田猪太郎、原大平、遠州から松島吉平、竹村太郎が選出された。

●註七
ベルツ（一八四九〜一九一四）。ドイツの内科医。寄生虫や脚気の研究を行い、二十九年間滞日した。

日を八月十六日、場所を三島と決定した（註八）。この時期外国の要人たちがしばしば箱根を静養地としていたことから、そこに近い三島が選ばれたのであろう。三島での饗応所（接待所）を公立三島学校としたのは、ここが県内で唯一西洋式校舎建築中であったためであり（註九）、宿泊所を世古六太夫家としたのは、ここが旧東海道の本陣であったがゆえである。この時の様子は、「三島駅近況の報道」と題して、『重新静岡新聞』（八月十五日付）が以下のように伝えている。

「三島校の開校グラント氏の來遊に付二回の開校式と施行するよしにて第一回は今十五日にて態と祝詞を朗読する程にて第二回は十六十七両日にして赤飯等を来歓者に與る由。又同時に三島神社の大祭典と旧三島学校に於いて書畫展覧会あるに付駅内の混雑一方ならす椅子卓子を荷て學校へ往来する者あり白の大蒲団（大サ九尺四方にて厚さ殆と一尺位のもの蓋し之を重ねて寝台の用に供するならん）を運ふ者あり紅毬燈を携へる者ありて絡絶ず往来織るが如し又駅中の重立たる家屋はいつれも修繕を加へ又は建足をする所あり殊とに旅店はグラント氏の饗應を一見するため近郷近在等より來集する者より前約束ありていつれも明座敷なし恰も駿遠豆の三州人民がグラント氏の大祭典を執行するが如し是れ蓋し本駅開闢以來の賑ひならん。……」

町全体がそれこそ三島神社祭典どころではなくなっていることがわかる。

●註八
同年八月十日付『重新静岡新聞』では、接待員の役割を報じている。先の小川宗助は調進掛、土屋真五郎は旅館掛、木村恒太郎と遠藤文作は会計掛をそれぞれ担当することになった。

●註九
同じ伊豆松崎町には、現在国の重要文化財の指定を受けている岩科学校があるが、和洋折衷の現在の校舎を新築したのは、翌年の一八八〇年のことである。

さて、八月十六日、いよいよグラントが三島駅に来ることとなった。同日朝、箱根宮之下から駕籠に乗り、箱根越えをし、山中新田にて休憩し、人力車に乗り換えると午後二時五十分に三島河原ヶ谷橋を通過したところで、花火が打ち上げられた。

1　世古本陣

最初に宿泊所に向かうが、指定を受けた世古家について説明が必要であろう。

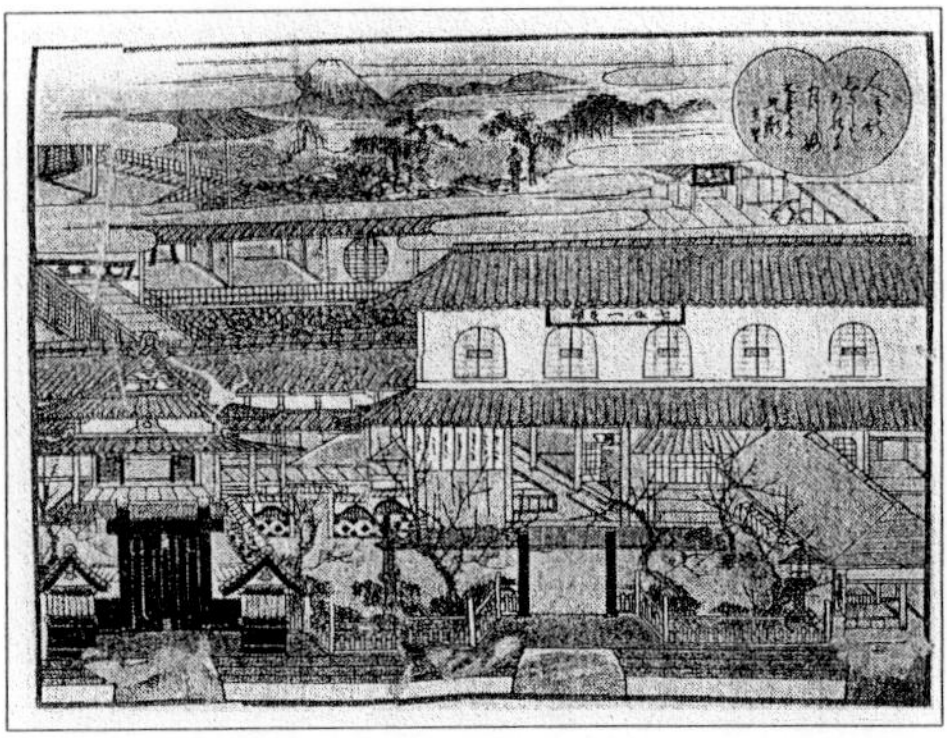

図1　世古本陣

世古家は江戸時代の本陣であり、三島大社から西に歩き、向かいに本陣樋口家が構える場所である（註十）。

世古本陣は、一八六八（明治元）年に類焼し、翌年再築したものであり、当時の新しい高級旅館となっていたことから、伝統と格式を考えてのことであろうと思われる。

図1は「色彩版画世古本陣図」で、再築後のものであるとされる（註十一）。ここにグラント一行は宿泊した。宿主の世古直道は慶応二年に三島宿問屋役に就任した際に、世古六太夫を襲名し、明治五年には開心痒舎を創設し、教育の普及を担い、

●註十
現在の三島広小路駅通りを東に行き、みずほ銀行の場所にあたる。

●註十一
同資料は、戸羽山瀚「世古本陣片録」『伊豆史談九六号』の中で、氏が当時静岡市の版画家であった小川龍彦氏所蔵の作品を紹介したものである。

●註十二
旅館世古坐舗装飾の記に、「玄関より貴賓席に至るまで白の天竺木綿を敷きつめ、通行間と貴賓席の境界へは白金巾の幕を張り、貴賓席は総て絨毯を敷き、グラント氏寝所（上段の間と側の三畳間は同氏の化粧部屋とす、其器械は上等の洋机を据え、机上に楊枝（透明の

あるいはまた郵便創業に関与した人物である。

『重新静岡新聞』（八月二十日付）には、次のような記載がある。

「……一行の旅館なる世古に着するや否や旅館の後ろなる廣瀬といふところにて十数本の狼烟揚けたり其の中尤も奇観と極めたるは日米の両国旗を打上けたるなり……」

写真B　世古六太夫墓（三島市長円寺）

とあるが、どのようなものであったのだろうか。さらに、

「旅館の玄関には紫の幕と打ち門には八の紋付の白幕（世古の紋なり）を張り弓形紋には数十の紅球灯を付け両国の国旗を交叉し門前は即ち三島警察署にて是も両国旗を交叉し……」

と、日米間の友好にこれ努めている（註十二）。

2　三島大社

宿泊所に休憩の後は、夕方三島大社に参拝にいっている。グラント自身の日本文化への興味か、あるいは接待係のコースに組み入れられたものかはわからないが、これまで江戸時代の外国人要人たちが三島本陣に宿泊した際に必ず三島大社に立ち寄っているこ

陶器に入れ置く）一本、硝子器入れの歯磨（此歯磨価一個金一圓なりと聞く）石鹼、香水二瓶、盥（机へ嵌め込む）手巾三筋、机頭の壁へは一面の鏡を掛く、寝所の前の一間には一つの圓机を置き、机上に二個の錦出の花瓶を据え是に百日紅を挿む、机外に又二個の花瓶あり、一は大なる水瓶にして一は圓筒形なり、（此二つには蓮花を挿む）右の外九鉢の盆栽を添ふ（原宿植松氏の出品なり）朝鮮産の蘇鐵、五葉松、漢の杏竹桃、漢の花蘭、日本磯の雁、漢抹李松葉蘭、今星草、琉球産胡麻樹、又寝所には新しき蚊帳を張り、白天竺木綿の藁布二枚を重ねて寝台の代りとし、白の奉書紬の蒲團三枚を敷く（令息以下

とから同じ形式をとったのではないかと思われる。

ここでの滞在間は二十分程度のものであった（註十三）。

3　三島学校

三島大社からは新築まもない三島学校に向かった。ここの楼上にて、饗応の場が設けられた。

すでに同校は突貫工事により八月十四日に竣工し、簡単な開校式を十五日に行っていた（註十四）。生徒四百人は十六日の昼に歓迎のために沿道に出向いている。

さて、饗応の部屋は図2にあるように絨毯敷きで、座席は図3のとおりであった。グラントの横に静岡県令大迫貞清が、グラント子息の横に神奈川県令野村が位置した。

この時の料理については、西洋料理にして東京上野の精養軒からコックを出張させている（註十五）。このため南伊豆の岩科村（松崎町）から上等の三才以上の牝牛を一匹取り寄せた（註十六）。

次に贈り物であるが、以下のようなものである。

寄木細工書棚、竹細工、同籠二個、（菓子入）寄木細工針箱、卵皮塗小箪笥、青貝入袖箪笥、寄木細工の時計、箪笥、鳥籠、掛川産葛布襖地五巻、蒲原産古代塗、羅徑（宇都谷）産裏白細工、遠州中瀬村木村茂蔵製造生糸、韮山村同、濱松神谷醸造冬酒一ダヅン入三箱、熱海産雁皮紙、沼津産本色茶……（註十七）

もグラント氏と大同小異なり）各化粧道具を備ふ。又県官饗應所は狭長なる一間にしてテーブルにて両傍へ十数の椅子机を置き（黒天鵞絨の蒲團付なり）湯殿は頗る綺麗にして雪隠に亦清浄なり）とある。

●註十三
おそらく同年七月二日の静岡浅間神社参拝も同時間程度のものと思われる。

●註十四
『三島市誌下巻』に記載があるが、大迫県令以下出席し、祝辞・答辞を含めたもので、旧校舎では書画の展覧会が開催された。

●註十五
食器も同時に同店から借入

図2

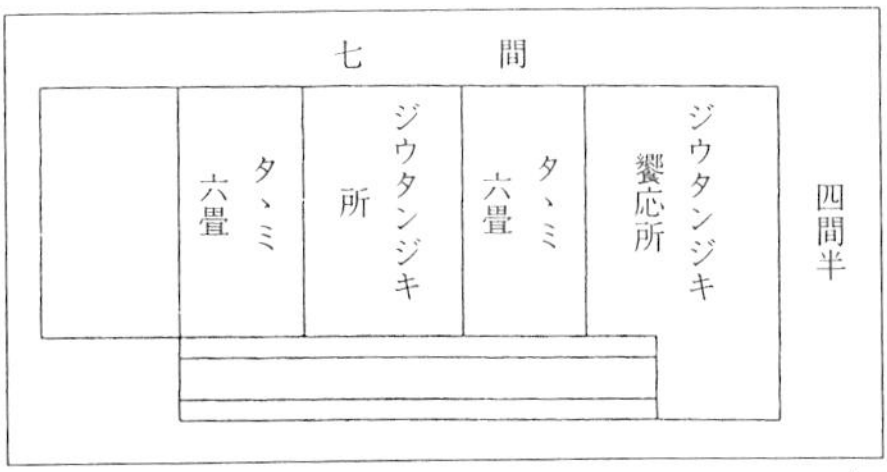

（『静岡新聞』1879.8.15付から引用）

図3

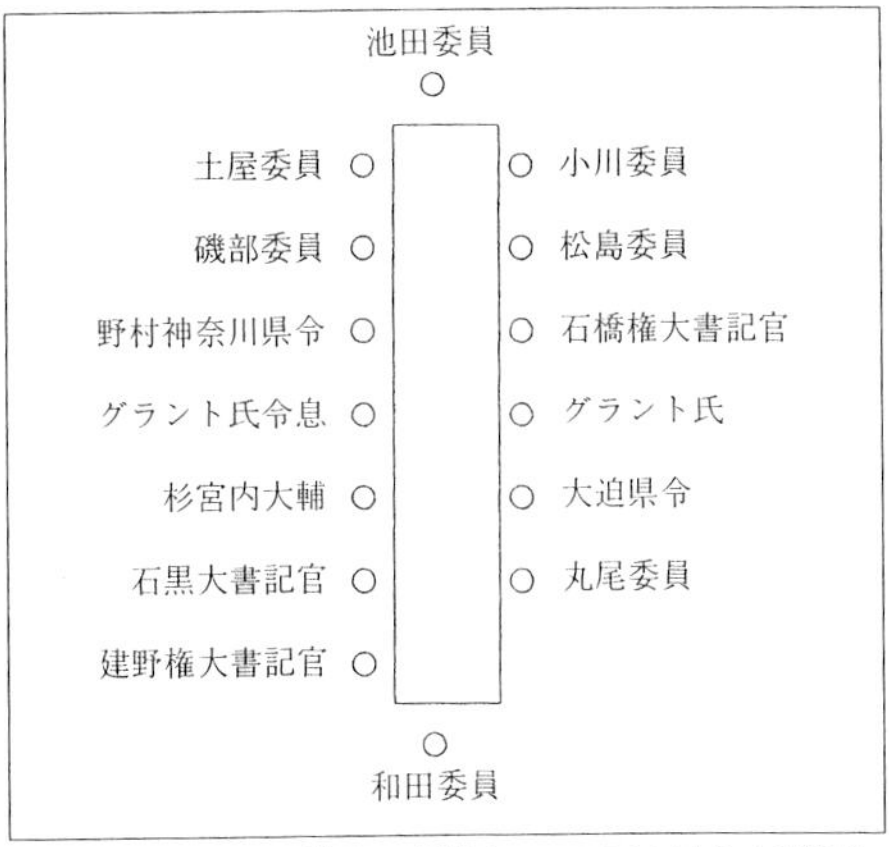

（『静岡新聞』1879.8.20付から引用）

寄木細工が多いのは、隣の箱根町で製造されたものと思われる。また熱海の雁皮紙については、幕末期のオールコックもその著『大君の都・中』の中で詳述しているものである。
しかし韮山の生糸については、これら伝統物産とは違い、かなり新しい製品とみなくてはならないであろう。明治初期に柏木県令により推進された殖産興業は、この韮山でも少しずつ根付いていったわけであるが、韮山製糸場が竣工したのは明治十年のことであった。この工場の開業式典にグラントの応接委員となった県議小川宗助が祝詞を寄せていることから、その関係で出されたと考えられる（註十八）。
夕刻の七時二十分には退席になっ

しているが、東京においては宮内省にて製造された和製洋食器が使用された（同年七月一日付『郵便報知新聞』から）。

●註十六
献立は、羹汁鳥製浮身入、魚肉鯛洋菌牛乳合製、鶏肉洋品冷製、獣肉羊腹肉洋菌製包、鶏肉鶉雁肝製紙包、獣肉牛背肉、鳥肉洋菌製、蔬菜野天門冬、同洋野菜乳製、清酒、洋酒、菓氷製、鳥肉七面鳥蒸焼洋菜、製菓、洋菓入冷製寄物、同牛乳鶏卵氷製、同大形飾一種、同小形数品、菓実和洋数品、食事台飾付数品。

●註十七
同年八月十五日付『重新静岡新聞』。

たので、二時間あまりの時間だったことになる。この公立三島学校は、現在の三島市役所の敷地に位置し、建物は昭和三十五年に改築されてしまったが、長らく「グラント玄関」という呼称は残ったと言う。

さてその夜は、町中あげての花火やら風船やらでグラント歓迎に染まり、宿泊所の世古家は相当な騒ぎであった。

なお、世古六太夫直道は、富士より雪を取り寄せて、グラントに差し出しているようで、夏の時期にもかかわらず、相当な労苦が舞台裏であったことが窺われる。

翌十七日朝五時にグラント一行は出立したが、それは前日からの歓迎騒ぎを避けての行動とみてとれよう。

以上の三島での歓迎の様子を『重新静岡新聞』ではユニークな表現で記載している。以下に紹介してみたい。

「……蜻蜓髷天窓の爺父は馬夫縞の浴衣を着たる娘を連れスツトコ冠りの哥兄は茜木綿の褌つけてる阿妹の手を引いて陸続絶えぬ有様は随分の見物とこそ云ふべし……」（八月二十日付）

「スワヤ亞米利加の王様が最早そこへ来たのかと推量し往来の見物ドツト人声揚げければ所々の小路より袒裼徒跣あわたゞしく乗出せしは是ぞ平家の軍勢が富士川の敗軍もかくやと思ふばかりなり……」（八月二十日付）

●註十八
『韮山町史第十二巻』百三十九頁参照。

「……旅館の庭上に仕掛けたる花火霹靂一発火山の破裂かと驚く間もなく赤煙天に張り蜀の赤壁の焼討かセバストボールの劇戦かと怪しまる……」

（八月二十一日付・傍線筆者）

いずれも講釈師の如く、芝居がかった表現で伝えている。

第四節　外交の裏面

グラントは二ヶ月あまりの滞在の後、九月三日に天皇に離日の挨拶を行い、同月二十日にサンフランシスコに到着している。

ここでグラントの来日した一八七九年（明治十二年）七月という時期は、日本にとってどういう時期であったかということを改めて考えてみたい。

前年の五月に大久保利通が暗殺され、七月に日米条約の中の関税改定に調印したものの、イギリスの反対で無効になっていた（註十九）。

グラントの歓迎は政府あげてのものであり、とりわけここに岩倉具視の名が出てくる（註二十）。一八七一年から七三年の欧米視察の際に、彼は使節団団長として訪米しており、グラントは当時大統領就任中で岩倉とは面会していたこともあろう。

本来であるならばグラントは非公式の来日であり、私的な旅を楽しむはずであったが

●註十九
同年七月二日付『郵便報知新聞』に、「日米和親通称條約改定」と題してその内容を紹介している。これは吉田・エバーツ条約とも呼ばれ、吉田清成は駐米公使として活躍し、この時は特命全権公使として接待掛であった。

●註二十
伊藤博文（内務卿）、榎本武揚（外務大輔）、寺島宗則（外務卿）が対応。

（註二十一）、このような日本の国情は彼をただの旅人としてはおかなかった。明治天皇との会話の中で、二つの重要な話がされている。

一つは、琉球帰属問題で、このことは来日前に清国で、摂政（恭親王）や李鴻章から、琉球問題の仲介役の依頼を受けていたことによる。この年の四月に日本は琉球藩を廃止し、沖縄県を設置していただけに、清との軋轢が生じていた。何ら外交権を持たないグラントではあったが、双方の国からの話を聞いた上で、調停役を担うこととなった。

しかしながら、この問題は同年十月に琉球処分条約案が天津で議定したにもかかわらず、以後十五年を費やし、最終的には日清戦争を待たねばならなかった。

そしてもう一つの懸案事項は、幕末以来の条約改正問題にあり、岩倉の存在がここでクローズアップされて来るのである。

グラントの忠告は次のようなものであった。

「日本は世界にむけて自国の立場をはっきり述べよ。条約が結ばれた当時の事情を明らかにし、無知ゆえに不幸な、屈辱的な立場に追い込まれていった経緯を世間に示せ。日本は、近代文明を摂取、吸収することによって驚くべき発展を遂げ、この国を近代国家にし、世界の国々とも親善をはかった旨の最上の証拠をみせたことなどを思い起こすべきである。……」（註二十二）

日本が最初に条約改正を結んだのは一九九四（明治二十七）年、イギリスに対してで

●註二十一
滞在の記念に立ち寄った東京上野では、上野動物園入口に、グラント将軍植樹の碑がある。昭和四年に渋沢栄一らが建てたものである。

●註二十二
ヤング『グラント将軍の世界周遊記』（吉永孝訳）から引用。

あるが、当時はむしろアメリカが理解を示し、イギリスはその対局にいた時期に当たる。結局この問題も十五年の歳月を必要とすることとなった。

そのほかグラントは明治天皇に対していくつかのアドバイスを残している。かなり政治的に生臭い話などもしており（註二十三）、元大統領のお忍び旅行どころではなく、まさに日米首脳会談と言うに等しいものであった。

●註二十三
この時、三条実美太政大臣と通訳の吉田公使のみ陪席させ、国会開設の話にも触れている。

第五節　結び

グラント将軍の来日は、彼としては政界から隠居した後の優雅な世界旅行の一コマであったろうが、明治新政府にとっては一大事であった。

先述したが、国内では前年に大久保利通が暗殺され、その前年には西郷隆盛が自刃し、正常とは言えない状態であり、国外では条約改正の問題や、東南アジアとの関係もあり、アメリカ元大統領の来日は国賓扱いせねばならないような状況であったと言える。

静岡県内に目を移すと、清水港から上陸した後、清見寺、浅間神社コースをたどるが、すぐに上京し、一ヶ月してから箱根、三島のコースをたどるのであるが、これはまさに江戸時代の朝鮮通信使の歩いたコースに他ならない。

社会的には、この当時コレラが全国的規模で大流行しており、この年だけでも死者は十万人を超えた。グラントが三島に来た八月には伊豆に蔓延し、百人以上の患者を出し、その七割が死亡した。当時の『静岡新聞』ではこのコレラ情報とグラント将軍の動向が並行して記載されている。

今回は主に、三島における対応の様子を追ったが、大迫県令を筆頭にさぞや県側は神経を使ったと思われる。

次に経費の件である。影山氏の「グラント将軍の來朝と静岡縣」には、追補の中で「萩原家日記記載の分」として会計報告がある。これによれば県内の歓迎の総支出は二千四百七十四円とあり、そのうち二十四％が進呈品であり、十九％が饗応費と、双方で半分近くを占めている。

『東京日日新聞』（十一月十四日付）では、接待費の総計が一万五千八百円かかっていることを記載している。ただしこれは全体のものであるのか、東京におけるものであるかわからないが、おそらく東京滞在中のものを示していよう。

こうした金額がどの程度のものであるのか見当がつかないが、当時建設された公立三島学校の総工費の見積りが、三千四百円であることから、桁違いな金額（出費）であったことが想像される。

それならば収入源はどうであったのかと言うと、その八割方が寄付金によるものであった。県会議長であった磯部物外（註二十四）が中心となって県内の地主たちから寄付金

●註二十四
磯部物外（一八三五～九四）。県会初代議長。静岡師範学校監事、函右日報の創刊に尽力。国会開設設立建白書に県下総代となる。

を集めたのである。
以上のことを鑑みると、グラントの来日が明治新政府発足十年あまりの頃であり、静岡県では県会が発足したばかりで、当時の日本の置かれた内外状況を知る一つの手掛かりとなり得るのではないかと思う。

[第八章●参考文献]

・『重新静岡新聞vol.七、八』(一八七九年六月～七月、一八七九年八月～一八八〇年六月)
・『函右日報』(一八七九年七月～八月)
・影山勝「グラント将軍の來朝と静岡縣」『静岡縣郷土研究第七輯』(静岡縣郷土研究協會、一九三六年)
・佐久間敏治「世古六太夫の事蹟」『静岡縣郷土研究第八輯』(静岡縣郷土研究協會、一九三七年)
・『三島市誌下』(三島市教育委員会、一九五九年)
・オールコック『大君の都』(山口光朔訳、岩波文庫、一九六二年)
・戸羽山翰「世古本陣片録」『伊豆史談九六号』(伊豆史談会、一九六二年)
・トク・ベルツ編、菅沼竜太郎訳『ベルツの日記　上』(岩波書店、一九七四年)
・宮永孝訳『グラント将軍日本訪問記』新異国叢書第二輯(雄松堂書店、一九八三年)
・土屋寿山「世古本陣の宿打ち軒並絵図」『伊豆史談一二〇号』(伊豆史談会、一九九一年)
・『韮山町史通史Ⅲ　近現代第十二巻』(韮山町、一九九六年)
・土屋寿山「世古本陣の間取図」『伊豆史談一二七号』(伊豆史談会、一九九八年)
・『清水港開港一〇〇年史』(静岡県、一九九九年)

第九章

伊豆の中の第一次世界大戦

第一節　はじめに

第一次世界大戦と言うと、我々は〝ヨーロッパを戦場にしたこれまでにない大規模で世界的な戦争〟という認識を持つのではなかろうか。

この時日本は日英同盟を結んでおり、この同盟を利用して参戦し、中国の山東半島を領有していたドイツを敵国として戦った。ヨーロッパが戦場と化していることを利用して、戦争特需としてわが国に「成金」が出現したことを学校の授業などで学習したことがあるのではないかと思う。

またレマルク著の『西部戦線異状なし』（註一）の映画を観て、塹壕を掘りながら戦う様や、戦場における幾多の悲惨な面なども強烈に記憶にある。この戦争によりヨーロッパの旧帝国が滅び、アメリカという新国家が強国として認知されたことは歴史教科書にも記述されている所である。

しかしながら、以上のことはヨーロッパにおける戦いであり、日本という国家はあくまでも局地的な参加という捉え方であり、我々のごく身近な所にこの第一次世界大戦（以下第一次大戦と言う）が存在していたかについては、案外検証されないで来ているように思う。それは、これまで世界史上の一連の出来事を地域との繋がりの中であまり捉えて来なかったからではないだろうか。

実際に第一次大戦に関係する書物は、それと前後する日露戦争、アジア・太平洋戦争と比較すると驚くほど少ない。

先日、伊東市にある博物館で、いくつかのキューピー人形などを見学する機会を得た。そこにある説明の中に次のようなことが書かれていた。

「……第一次世界大戦まで、（セルロイド）人形はドイツが世界の輸出の多くを占めていた。しかし戦争により出荷が途絶え、代わって日本がその生産を占めるようになってきた」

●註一
一九二八年出版。反戦小説。

このことを知った時に、戦場からかけ離れた地方のもう一つの戦争を見たような気がした。

そしてまた、地方の知られていない記念碑や事物の中に第一次大戦（当時は日独戦役と言ったが…（註二）の名残があるのではないかという予測が、本章を執筆する動機となった。よって今回は伊豆地方に焦点を絞り、どのような影響がもたらされたのかを検証していきたい。

●註二
日独戦争とも呼ばれたが、大正五年五月三十一日付の『静岡民友新聞』では大正三四年役との名称を冠している。

第二節　大戦の概要

1　青島陥落

第一次大戦は、世界史的に言うならば、一九一四（大正三）年六月二十八日に、サラエボを訪問していたオーストリア皇太子夫妻が、セルビア人により暗殺されたことをきっかけとして、その翌月から勃発したものである。

日本は、さっそく日英同盟を理由に八月二十三日ドイツに宣戦布告した。


しかし実情としては日本の参戦は一枚岩のものではなかった。当初海軍は消極的スタンスをとり、日米間の対立を避けようとしていた。むしろ時の大隈内閣や陸軍の方がこれを中国外交の好機として捉えていた（註三）。とりわけ内閣では、加藤高明外相が日英

●註三
平間洋一『第一次世界大戦と日本海軍』から。

路線の外交方針を推進していた（註四）。

日本はドイツと戦うことになったとは言え、戦場は中国にあるドイツ領すなわち山東半島であり、ここの要塞である青島を攻略することが至上命令となった（註五）。

この時、歩兵第二十九旅団に含まれたのが静岡歩兵第三十四連隊（浜松第六十七連帯も含む）で、九月二十六日に動員が下った。田方郡下からは陸海軍合わせて八百四十八人が参加した。

一行は十月初めに大阪港を出発し、山東半島に上陸し、青島要塞の攻略に加わった。要塞攻撃は、日露戦争における野戦とは異なり、いわゆる正攻法的な戦法がとられた。また日露戦争で利用した二十八糎榴弾砲が炸裂し、味方を優勢にした。

そして十一月七日に青島のドイツ軍は降伏し、日本軍の勝利が伝えられたが、これより先、「田方戦捷記念祭」が三日午前十時より、三島町大社境内戦捷記念館で開催された（註六）。

このため韮山村（現韮山町）では陥落以前に、時の助役が村長代理として各区長に、「……新聞や号外で陥落の吉報を得たら、直ちにどの家でも国旗をかかげ祝意をあらわす準備をしておくように」という通知を出している（註七）。

青島陥落を受けて、県下では昼は小学生の旗行列、夜は市民の提灯行列となった。

桑原村（現函南町）では、陥落の夜に協議会を開き翌日に祝賀会を開く取り決めをし

●註四
『日本の近代4　「国際化」の中の帝国日本』では、加藤が山県ら元老の反対を押し切ってのものとしている。
●註五
ドイツは三国干渉直後の一八九八年に膠州湾を租借した。
●註六
大正三年十一月五日付『静岡民友新聞』には、「当日は西南戦役以後日清日露の戦役に於ける戦病死者慰霊を兼ね…」とある。
●註七
陥落前日の十一月六日付で「青島歓楽祝賀予定通知」が出されている（『韮山町史　第八巻』）。

ている。さらにその翌月には凱旋軍人の歓迎について区会を開き、帰郷日の出迎えについて議題に載せている（註八）。

一方、静岡連隊からは戦死者五十一人、負傷者百七人を数えた。『田方郡誌』によれば、田方郡出身からは戦没者十三人を数え、そのほとんどが陸軍であった。

戦場の模様はその後続々と伝えられた。「浜松連隊奮戦」と題し、浜松歩兵第六十七隊が青島攻囲軍の右翼隊として活躍した様や（註九）、伊豆からは「決死の勇士　沈勇なる相磯一等卒」として江間村村長が同家を訪問したことが新聞紙面に書かれている（註十）。

また、以上の戦闘の模様は、『ああ、静岡三十四連隊』や『歩兵第三十四聯隊史』に詳しく記載されている。

さて、世界史の教科書には、この戦争が新しい武器の登場から従来とは違った近代戦であったと記載されているが、実際中国の山東半島でも、無線電信隊、航空隊、高射砲、迫撃砲、擲弾筒などの使用が確認されている。航空隊については、稚拙なものとは言え、外壕の存在の偵察や夜間飛行などが可能であった。

戦術としては、塹壕掘しながら敵の要塞を囲み、堡塁や砲台を破壊するため、野戦重砲兵の連隊が編成された。

知られていない点は、青島攻略の折に、ドイツの軍犬を手に入れたことで、この軍犬がシェパードだったことから、以後日本でも軍犬の利用研究がされるようになった。

●註八
このような形は日露戦争を前例としており、大正四年一月十五日には戦勝奉告祭を開くに至っている。以上は、『静岡県民俗調査報告書第一集　桑原の民俗』から。

●註九
大正三年十一月十九日付『静岡民友新聞』。

●註十
戦死者への弔慰金として大正六年三月二十一日付では三百八十円が郡役所から贈与されたとある。

なお、熱海市の下多賀神社には、征獨紀念碑が写真Aのような砲弾の形で隣の忠魂碑横に建てられている。いずれも青島陥落後のものである。大正期に建立された忠魂碑は伊豆にはいくつか見られるが、多くは自然石で、忠魂碑と揮毫されたものが多く、ほぼ同じような形態である（註十二）。

写真A　征獨記念碑（下多賀神社）

2　戦時下の動き

さて、戦時下ではどのような動きがあったのか。一九一四（大正三）年十月二十五日付けの『静岡民友新聞』では、「軍国の北豆より」と題して、次のような記事が見られる。

征独戦開始〇〇〇〇旅団出征以来我が北豆地方の愛国的活動は実に目醒ましきもの有之候
先づ田方郡医師会にては出征者の家族中に患者あれば診察料楽価を半減し郡下各学校は授業料を全免し学用品を給与いたし居り候。
三島町軍人会始め一般町民が軍国の事に憔悴し居る由は昨紙にも見えたるが出征者及びその家族に対する慰安法は殆ど手抜かり無之候、三島町愛国婦人会は十七日家族の訪問をなし且つ慰問袋五百個を調製せんと目下その準備中に候、尚二十二日には町長以下町会議員等出征家族の戸別訪問をなし、大に之を慰安いたし候、他の各町村亦之に倣ひ居候。

●註十一
下多賀神社の征獨紀念碑は、五十二糎×十六糎の大きさで、砲弾には、「青島内敵ヲ威嚇セシ我海軍六吋砲弾」と刻まれている。

戦捷の祈願を籠めて、神社仏閣に詣づること是が為めに長久なるべく、天佑は常に吾等の上にあることを疑ふ能はず、帝国民の歴史的大信仰は正に此中に在りと可申候。

三島神社が、岳麓鎮護の神として霊顕いやちこなるは人の推服する所掲て、此の度の大事件に、近郷近在は云ふに及ばず、遠き地方よりの参詣者日々数千人を数へ、三島社頭の活ける空気は、既に我軍山頭を呑むの慨を示し居り候。

（傍線部筆者）

出征者関係者への配慮、神仏への祈願する様が書かれている。とりわけ後者は日中戦争時と何ら変わらない
また、同年十月十四日付けの同新聞には、静岡の俘虜収容所が静岡市のいくつかの寺に決定したことが記載されている。青島半島のドイツ兵俘虜の扱いについては、日露戦争同様に寛容なもので、静岡市に百七人を収容した（註十二）。
四年にわたる第一次大戦において、当初参戦に消極的であった海軍であるが、太平洋からインド洋の制海権を維持し、地中海に第二特務艦隊を派遣するなど、その活躍が国策を推進していったことは明記しておかねばならないであろう。

●註十二
追手町赤十字支部と鷹匠町恤兵部授産所の二カ所。

第三節 大戦と産業

大戦中に成金という言葉が出始め、戦争特需の状態であったことが言われる。大戦が始まって一年半ほどしてから好景気となり、一九一八（大正七）年までのほぼ四年あまりがその時期にあたる。

主に生糸をはじめとした綿織物、綿糸や陶磁器が輸出品であったが、戦争により船舶面で需要が増したため、商船会社は多大な利益を上げた。

大正五年十一月八日付『静岡民友新聞』には、「北豆の工業熱　驚心駭目の発展」とあり、大工場が続出と出ている。続いて大正六年七月十六日付では「三島工業旺盛」とあり、絹毛紡織会社が取りあげられ、同年八月十五日付では、「本県化学工業の趨勢益々旺盛にして殆ど前年の倍額」と記している。

さらに、同年十二月十五日付『静岡民友新聞』では、「県下工業の大発展」という見出しで次のように記載している。

県下工業の大発展　新設工場三百四十三に及ぶ　時局以来、即ち大正三年八月以降、工場会社等増設さるゝもの頗る多く、……本県が工業学校の建設するの急なるは云ふを俟たざるべし云々。

●註十三
大正四年五月七日付『静岡民友新聞』は、「県下の蠶糸業（一）」として紹介している。
●註十四
大正五年七月三十日付『静

これら県内工業を支えたのは、明治期からの製糸業で、一九一五（大正四）年の収繭額は十七万石で、全国八位（前年十一位）（註十三）に位置付けられ、翌年は「本県蠶繭実収　五百万円増加」とある（註十四）。

そしてついには、「田方秋蠶収穫百万円　各地に養蠶成金続出せんか」と成金なる言葉が使われている（註十五）。

この養蚕業も大正九年には陰りをみせ、同年六月一日付の同新聞には「養蠶衰の兆」と出ている（註十六）。なお、工業高校の建設については次節で扱いたい。

次に茶の輸出についてであるが、清水港からの茶の輸出量は増加している。大戦後一年して、「日本茶の独占」とあり、

……欧州戦乱の影響は印度銀蘭茶の北米合衆国及び加奈陀（カナダ）に輸入なき為め日本茶独占の有様にて商況状況を呈したり……（註十七）

との記述がある。同年すでに、「製茶六百万円　七十万円の増収」とあり（註十八）、一九一七（大正六）年には、約三千三十トンにのぼった。しかし翌年には激減し、本県の茶は国内用として生産されていくこととなる。

こうした輸出面での好況にとかく焦点があたるために、第一節でも述べたセルロイド人形のように輸入の面では記載の扱いが薄くなってしまう。

その例として、ドイツ製の写真器機材の輸入がストップしたことはわが国の写真界に

岡民友新聞』から。さらに大正五年十月二十日付では、「田方郡の秋蠶　年増収約五十万円」と続き、大正六年四月十五日付では、「田方春蠶発展　産額七十万二千有余円」と発展している。
●註十五
大正六年八月十五日付『静岡民友新聞』。
●註十六
大正九年六月一日付『静岡民友新聞』。
●註十七
大正四年八月一日付『静岡民友新聞』。
●註十八
大正四年十一月二十七日付『静岡民友新聞』。

は大きな衝撃であった。しかしそれはセルロイド人形同様にわが国の技術開発を促す契機となり、小西本店は総合写真工業に着手し、今日のコニカの前身となったのである。


さて、本稿ではミルクキャラメルで有名な森永乳業（製菓）会社と伊豆との係わりを紹介してみたい（写真B）。

明治末期にキャラメル販売を始めた森永は、大正に入るとその名を森永製菓とし、一九一四（大正三）年すなわち第一次世界大戦の始まりとともにミルクキャラメルの商品登録で、売り上げを伸ばしたものの、その原料不足には悩まされていたのであった。原料である乳製品はもっぱら外国からの輸入に頼っていたため、新たに酪農事業を開発しなくてはならなかった。

北伊豆では、すでに一八九一（明治二十四）年に三島の花島兵右衛門（註十九）が煉乳の製造に着手して、花島煉乳所が創設されていた。これに伴い乳牛を飼育する農家も増加し、田方郡下の酪農は煉乳会社の発展に伴って発展していった（註二十）。

一九一七（大正六）年、森永は千葉県に日本煉乳株式会社を創立し、翌年には錦田村（現三島市）で原材料用煉乳及びバターの製造を始めることとなった。

同年、花島煉乳所と札幌煉乳所が合併して極東煉乳株式会社が設立した。

写真B　森永乳業の祖、森永太一郎碑（三島市二日町、森永工場内）

●註十九
花島兵右衛門（一八四六～一九二九）。酪農事業家。一八八五年煉乳販売会社を設立。一八九二年、金鶏ミルクを開発して販売した。

●註二十
『ふるさとの酪農史』から。また大正五年十一月九日付『静岡友新聞』には、「日本の練乳王　表彰された花島

このため、「田方練乳業競争」と練乳業者の競争が記事になり（註二十一）、さらに「駿豆牛乳争奪戦　各会社猛烈なる買占を試む」（註二十二）とかなりの紙面を割いて報道している。この中で、
駿豆地方に於ける練乳事業は地方畜産の発展と共に年次旺盛を極め殊に欧州戦乱勃発後は殆ど輸入杜絶し益々斯業の有利発展を促進するに至り……

として、森永製菓会社の姉妹会社の日本練乳の事業開始を伝えている。

こうした練乳業社の動きは、「練乳界過渡期」として会社の合併（カルテル結成）などの動きに転じる結果となり（註二十三）、一九二〇（大正九）年には、「経営難の沼津工場　練乳作業中止」として、生乳は全部三島工場へと移送していくことになる（註二十四）。

その後一九二四（大正十三）年頃より、関東大震災後の復興景気に助けられ需要が増加し、昭和二年に森永練乳株式会社三島工場となり、一九三四（昭和九）年に極東練乳株式会社を吸収合併していく。

なお付言するならば同社は戦後森永乳業と改称し、現在は森永製菓三島工場となっている。

なお、畜牛数については、欧州戦乱の結果肉価が高騰したため、屠殺も多く、乳牛も不足している。田方郡には富士郡の三千五百二十頭に次ぐ、三千百六十五頭が記録され

氏の経歴」として田方郡下の畜牛発達の基礎を築いたことが記載されている。
●註二十一
大正六年十月三十一日付『静岡民友新聞』。
●註二十二
大正七年六月三十日付『静岡民友新聞』。
●註二十三
大正八年四月十二日付『静岡民友新聞』。
●註二十四
大正九年七月十四日付『静岡民友新聞』。また八月二十五日付同新聞には、「駿東練乳事業の危機　畜産の革命来　森永製菓沼津工場閉鎖　大場東海牛乳加工会社解散」とある。

ている。県下の畜牛数は大正元年の一万九千百十八頭が、大正五年には一万五千九百七十二頭となっている（註二十五）。

●註二十五
大正六年八月八日付『静岡民友新聞』に、「県下畜牛状態 戦争の為め四五割増加」と出ている。

第四節 教育界との関連

教育と第一次世界大戦との関係は深い。近年は政財界や学識経験者の答申を受けて学習指導要領が練られていくが、当時の教育は戦争の影響を確実に受けていると言える。

一九一六（大正五）年に文部大臣となった岡田良平は、本県掛川の出身で、二宮尊徳の影響を受けて設立された大日本報徳社の家系にあり、とりわけ教育には深い関心をもっていた。岡田は教育調査会を廃止し、天皇の上諭を仰いだ内閣直属の諮問機関として臨時教育会議を発足させた。この中で岡田は国民道徳の振興をはじめとして、いくつかの訓辞を出している（註二十六）。

田方郡下の田中尋常高等小学校では、翌年六月に、「学校だより」を配布し、訓育の目標の章で、～皇祖皇宗の御遺訓に基づける教育勅語の御趣意に依る～とし、教育勅語を改めて中枢に位置付けている。

さらに田方郡教育会は、一九一九（大正八）三月に教育是を討議し、大戦後の教育振興の指針を定めた。これは、

●註二十六
「小学校を始め中等程度の諸学校に於いては特性の涵養に主力に傾注し教育に関する勅語の聖旨を了解せし」「之を体得徹底せしめ以て我国民道徳の振興を期せむことを要す」と訓辞。また、すでに弟の一木喜徳郎が一九一四（大正三）年に文部大臣に就任している。

・国民道徳の振興を図る（註二十七）
・体育に努力する
・理科教育の振興に努める
の三項を掲げたものであった（註二十八）。

国民道徳については、国家的記念日や忠臣記念日を学校暦（行事）の中に組み込み、始業前の教育勅語奉読、社寺参拝、御真影奉置所への登下校時の敬礼などが挙げられた。これは田方郡校長会が郡長の、「学生児童ノ風紀頽廃ノ主要原因」と「学生児童風紀緊粛方案」の諮問に基づくものであった。

体育については、すでに一九一六（大正五）年に県内務部長から「木剣薙刀体操教授ニ関スル件」として各市町あてに次のような広報を令達している。


本県静岡師範学校付属小学校ニ於テ多年教授シ来リタル木剣薙刀体操ハ尚武ノ意気ヲ要請シテ精神教育ニ質スル所持ニ著シク我国民的体操ノ一トシテ最モ適当ナルモノト被認候ニ就テハ一般体操ト併セテ之ヲ小学校治児童ニ課シ一層体操科ニ於ケル身体的精神的両面ノ効果ヲ全カラシメ度ト存候間予テ木剣薙刀体操ヲ学習セシ者ヲシテ此ノ際率先シテ該教授ノ任ニ当ラシメ且其ノ他ノ教員ニ在リテハ講習会ニ出席スル等相当修得ノ方法ヲ講シテ実地教授上差支ナカラシメ以テ該体操ノ普及ニ努メシメラレ候様致度依命此段及

●註二十七
「一層教育勅語ノ御趣旨普及ニ努ムルコト」。
●註二十八
田方教育決議を行っている。

追テ本県ニテハ本年夏期ニ於テ木剣薙刀体操ノ講習会開催可相成候間予メ御了知相成度申添候（註二十九）
このように、小学校児童に木剣や薙刀体操を推奨している。これを機会に大正期以後、体育が盛んになったことは言うまでもない。当然指導者の育成も図られ、一九一七（大正六）年八月に田方郡教育会において、第一回体操遊戯講習会が開かれ、田方体操指導員を設置している（註三十）。
理科教育については、一九二〇（大正九）年の「静岡県教育」（臨時号）所収の論説「理科教授の新傾向」に、次のようなことが書かれている。
……大戦が吾人に与へた教訓は多々あるが、其一として、「歴史上の事実に照して文明諸国の競争場裡に於て常に劣敗者の位置に立つ者は理科の知識に乏しい国民である」との適切なるライン教授の鉄案に対しては強く覚醒せられた事は、疑も無き事実である。……此理科教育尊重の問題は欧州大戦の影響に依って初めて起ったかの観がある、……（註三十一）　（傍線部筆者）
文面にあるよう理科教育が第一次大戦の影響を受けてのものであることがわかる。田方郡内では、翌年十一月に理科教育実験講習会が函南小学校にて開かれ、さらにその翌年二月には修善寺小で理科指導研究会が開かれている。
また、一九一九（大正八）年の小学校令改正から、授業時数が四年生より二時間とな

●註二十九
『静岡県教育史　史料篇下巻』参照。

●註三十
大正九年五月十六日付『静岡民友新聞』。また大正九年十月には田方体操研究会を函南小学校で開いている。

●註三十一
『静岡県教育史　史料篇下巻』参照。

り、女子のための家事は理科から独立して高等科で習うこととなった。

以上、当時の義務教育である尋常小学校の様子であったが、他にも臨海学校の始まりや学校リレーの行事などが次々に始まったことも連動して成立したものである（註三十二）ことを明記しておく必要があろう。


さて、小学校ばかりでなく、工業の発達とあいまって工業高校設立問題が一九二〇（大正八）年になって浮上して来る。東部では「沼津急施町会」として高等工業学校設置問題で緊急町会を開き、「沼津運動　熾烈を極む」と、緒明圭造等有力者への働きかけをしている（註三十三）。

その翌日には、「田方通常郡会　高工設置建白書」として文部大臣、県知事へ提出された。この設置運動は「高工に代ふるに高校　知事急遽状況の魂膽」として苛烈になっていく（註三十四）。県の意向としては浜松が強いため、「東部合縦　静岡と沼津の提携模称」と別項目でも記載している。

こうした三つ巴の運動も浜松に確定し、静岡には高等学校の建設を指定して決着をみることとなった。今日の静岡大学工学部がそれにあたる。

●註三十二
臨海学校は、大正十一年に奨弘小（伊豆長岡町）で海水浴が行われ、学校リレーは大正十三年に函南小で始まった。その他野球も盛んになり、大正四年に始まった全国中等学校野球大会に参加するようになっている。
●註三十三
大正八年一月十九日付『静岡民友新聞』。緒明圭造は造船・海運業の緒明菊三郎の娘婿。事業家で、三島の楽寿園を買い取った。
●註三十四
大正八年一月二十三日付『静岡民友新聞』。

第五節　大戦後の動き

第一次大戦の日本軍従軍の裏には、徴兵忌避の動きがあった点は見逃してはならないことであろう。日清・日露戦争後、十年という歳月は反戦気運というよりもむしろ戦争忌避の動きとなって表れた。

それは徴兵が忌避され、徴兵忌避の神仏祈願がされ、兵役の逃亡という形となった。指切断壮丁の徴兵忌避裁判が、一九二四（大正十三）年にあるが（註三十五）、この他に醤油の多量服用、下剤服用、仮病、擬装近視などが行われた。

また、大正十二年一月二十六日付の静岡民友新聞の見出しには、「軍縮風　海軍志願兵本県タツタ十五名　百八十名の割当に対し　大宣伝も甲斐もなく」とあり、海軍志願兵の激減をみることとなった。

世界史的には軍縮と反戦の動きの中で、国内では青島攻略に際して野戦重砲兵の連隊編成がなされたが、これを受けて陸軍の近代化が進み、一九一八（大正七）年には新設旅団が結成されるに至った。

この旅団の場所として、野戦重砲の実弾演習が可能な場所を、と言うことになり、富士・裾野に近い三島町（現三島市）が選ばれた（写真C）。

●註三十五
大正十三年十月七日、十二月三日付『静岡民友新聞』。

写真C　野戦重砲兵第二連隊跡

この三島町の決定については、地元の誘致運動があったことは言うまでもなかった。
それは東海道線の鉄道が三島町を通過しないために、町が沈滞していたからである。
大正七年五月六日付『静岡民友新聞』では「涙金の要求　重砲兵旅団の敷地」として、五月四日に野戦重砲兵旅団の敷地買収があったことを記載している。以下、新聞記事から拾うと、
「三島重砲兵旅団地　二十万坪余の大敷地実測」（註三十六）
「三島町の道路問題　新設の重砲兵旅団敷地」（註三十七）
「活気漲る三島附近　重砲兵旅団建築工事愈入札」（註三十八）
「三島重砲旅団愈三日起工式挙工」（註三十九）
いくつかの問題を孕みつつ、一九二〇（大正八）年十一月にまず野戦重砲兵第二連隊が横須賀から移った。町の様子は以下のような盛り上がりをみせた。
「町民思ひ思ひの仮装で練廻る　重砲兵旅団第二聯隊移転、店頭装飾し歓迎門を建設、大歓迎会の夜は煙火打揚」（註四十）
「物価調節協議　三島町に於ける諸物価及び住宅は重砲兵旅団新設と同時に著しく暴騰し」（註四十一）
さらに、翌大正九年には重砲兵第三連隊の敷地も整備され、二年四ヶ月をかけて完成に至った。完成の模様は、大正九年九月二十七日付『静岡民友新聞』に次のようにある。

●註三十六
大正七年六月二十二日付『静岡民友新聞』。
●註三十七
大正七年六月二十三日付『静岡民友新聞』。
●註三十八
大正七年九月九日付『静岡民友新聞』。
●註三十九
大正七年十月三日付『静岡民友新聞』。
●註四十
大正八年十一月七日付『静岡民友新聞』。
●註四十一
大正八年十二月六日付『静岡民友新聞』。

「……三島町新設重砲兵第一旅団第三聯隊歓迎並びに旅団完成大祝賀会は、既報来る十月二十五日より和歌山県深山第三聯隊の移転輸送を開始し、十一月四日を以て全部三島新兵舎に移転し旅団の完成を見るべきより……」

そして、十一月十一日付『静岡新報』には、「三島の大園遊会」として、

「重砲兵旅団歓迎の祝宴　全町山車屋台で非常の賑」

とあり、町ぐるみで歓迎している様が手にとるようにわかる。

この後のことは『三島市誌　中巻』でも次のように記載している。

「営内の若い下士官の間には横須賀軍港の自由主義的風潮が多分に残っていて、市民との接触も極めてスムーズであったので町家の娘との恋愛結婚も多く、住宅の大半はこれら将校下士官向きの借家で占められていた。家賃払いや滞納のないのが家主から歓迎されたのである。また町の商店・飲食店・娯楽機関の六十％までが軍人家族と数千の兵隊たちによって利用され、日曜・祭日ともなれば町も電車もカーキ色の軍服一色に塗りつぶされるという景況で町は軍隊さまさまである」

東海道線の開通によりさびれていた三島は、こうして軍部の町として復活したのである（註四十二）。

●註四十二
その後、昭和九年の丹那トンネル開通とともに三島駅が完成し、さらに賑わうようになった。今日野戦重砲兵連隊跡は学校が建立し、文教街となっている。

第六節　結び

第一次大戦の取り扱いについては、とかくこれまで書籍などにおいては、ヨーロッパ中心の構成であるため、我が国の中央への影響はあっても地方における波及についてはは案外落としているのではないかという気がしていた。

本章では、標題のとおり〃地方〃という視点に立ち、経済、教育面について考察にあたった。このため『静岡民友新聞』をはじめとし、新聞記事を中心にその動向を拾った。

この大正時代の戦争は日露戦争と日中戦争の中間に位置するもので、五章にも述べたように国民には戦争への厭戦的な面が表面化してきた点と、三島市の連隊のように、その後の軍国主義化に繋がる点がみられるといった分岐点にあり、明治から続く欧米に追いつけ追い越せを国是にして来たことへの検証の時期でもあった。

戦死者への追悼の様子は日露戦争からの流れに変わりはなく、忠魂碑の建設は、昭和に入っても継続されたが、戦争拒否者が表面化して来たことは、体制者側からは気になる問題であり、教育の中に思想を含めた施策が見え隠れし始めるのである。経済面では、日本の商業資本家たちに活力を与え、多くの成金を生むが、これなどはさしずめ一九九〇年前後のバブル経済と酷似する面も垣間見られよう。

さて、伊豆においては第一次大戦後、関東大震災があり、昭和に入ると金融恐慌、伊豆震災と不況下での対応を余儀なくされたが、今日の我々を取り巻く状況下に置き換えると、まだまだ当時の対応から教訓として引き出せるものがあるように思う。
第一次大戦が地方に及ぼす影響がこれだけ大なるものであったことは、日本が日清、日露戦争後も確実に世界史の枠組みにしっかりとはまっており、日常生活に国家が介入して来たことが本章をとおして認識されたと言える。

〔第九章●参考文献〕

・『静岡新報』
・『静岡民友新聞』
・『三島市誌　中巻』（三島市、一九五九年）
・『三島市誌　下巻』（三島市、一九五九年）
・『ああ、静岡三十四連隊』（サンケイ新聞・静岡支局、一九六三年）
・『静岡県の百年』（静岡県、一九六八年）
・『丹那地域風土記』（丹那地域風土記編集委員会、一九七〇年）
・『静岡県教育史　通史篇下巻』（静岡県教育史刊行会、一九七三年）
・『静岡県教育史　史料篇下巻』（静岡県教育史刊行会、一九七三年）
・『歩兵第三十四聯隊史』（静岡新聞社、一九七九年）
・『ふるさとの酪農史』（田方ホルスタイン協会、一九八〇年）
・『静岡県の理科教育史』（静岡県教育研究会理科教育研究部、一九八四年）

・『静岡県民俗調査報告書第一集　桑原の民俗―田方郡函南町―』（静岡県、一九八七年）
・『田方郡教育史』（田方郡校長会、一九八七年）
・山本義彦『戦間期日本資本主義と経済政策』（柏書房、一九八九年）
・『静岡県史　資料編19　近現代四』（静岡県、一九九一年）
・『静岡県史　資料編22　近現代七』（静岡県、一九九五年）
・『終戦五〇年企画展　三島と戦争』（三島郷土館、一九九五年）
・『静岡県史　通史編5　近現代一』（静岡県、一九九六年）
・半田衛『三島郷土史論考―慶応から平成まで―』（錦田郷土研究会、一九九六年）
・『韮山町史　第十二巻』（韮山町史刊行委員会、一九九七年）
・平間洋一『第一次世界大戦と日本海軍』（慶應義塾大学出版会、一九九八年）
・有馬学『日本の近代4　「国際化」の中の帝国日本』（中央公論社、一九九九年）
・荒川章二『軍隊と地域』（青木書店、二〇〇一年）

あとがき

本書は、当初「伊豆新世紀創造祭」期間中に出版を間に合わせる予定で書いてきた。それは同創造祭が静岡県の伊豆において、二〇〇〇年という二十世紀から二十一世紀への橋渡しの時期に開催されるもので、二十世紀における伊豆の歴史を鳥瞰するのにちょうどよい機会だったからである。

しかし準備は早かったものの、現実はなかなか順調にいかず年が過ぎ、どうにか出版の目途がたったのは二十一世紀の秋にならんとする時であった。

本書は一般向けであると同時に、中学校・高等学校の生徒諸君にもその内容を知ってもらえることを念頭に置いた。その理由は「総合的学習」の一つの素材になればと思ったからである。

「総合的学習」は世界史と地理といった科目連携、あるいは食の歴史に見られるような家庭科と社会科の組み合わせといった教科連携に繋がっていくものであり、授業展開の幅を大きく広げるものである。


私事になるが、学生時代に上原専禄や永原慶二、本多公栄諸氏の歴史教育論の本を読みながら現実の歴史研究と歴史教育との乖離を感じ、この双方をいかに教育現場の実践の中で結び付けるかを考えて教職の道に入ったのだが、実際に教壇に立ってみた時には、教科書の内容をどう教えるかで精一杯だったことを思い出す。

平成十三年度は、近隣諸国を交えた教科書問題に終始した年であったが、十年ほど前に歴史研究の成果たる教科書の役割を考えていく上で、まずは現実の授業における生徒の社会科認識がどのようなものであるのかを確認していくことから始めた。このことは拙稿「高校生の社会科認識―教科書に基づく社会科（主に歴史）認識の矛盾とその克服―」（平成四年、弘済会論文）にまとめたが、生徒の教科書依存度の強さを知らされ、教科書の重要性を再認識した。

さらに、社会科教科内の科目連携を図るべく、拙稿「新教育課程における高校社会科授業作り」（平成八年、弘済会論文）として、視聴覚教育の積極的導入や小・中学校で実践されている調べ学習を取り入れたが、近現代史を教える壁は厚く、生徒たちにとって歴史はあくまで過去の出来事、いわば物語として捉える面が強かった。ただ、そうした調べ学習の中で、地域の歴史を取り込むという授業展開は生徒たちには好評であった。

地域に根ざした教育は既に一九六〇年代後半から提起されてきたものであり、地域の歴史の掘り起こしは、『静岡県史』編さん事業と共に、各市町村でも広域に進んできた。ところが、世界史関連となるとその素材不足に悩まされてきた。

そしてまた、あまりこの点にのめり込むと大学受験や就職試験といった関門からはずれ、生徒の要望に応えることができないという悩みもあり、今回の執筆の動機にはこれらの悩みへの挑戦とも言える。

ともあれ、静岡県全体を対象とするには時間も知識も乏しく、伊豆に限定しようと努めたがテーマの選定に悩まされた。可能なかぎり現地に赴いたものの、時間と気力と相談しながら執筆せざるをえなかった。

この中で、「第一章　伊豆と韓国・朝鮮」は、『歴史民俗学　十三号』に、「第八章　グラント将軍の来静とその対応」は、『静岡県近代史研究会　第二六号』にそれぞれ収録したものを加筆・訂正した。それ以外については書き下ろしたものであるが、いずれも概観をつかむのに精一杯で、より深く掘り下げる研究は今後に期待したく思う。とりわけ第五章の伊豆のキリスト教史はこれまでまとめられていないだけに、調査途中の報告となってしまったことをお詫びしたい。

本書を通読され、幕末の砲艦外交の主であるペリーに関する記述がないことに気付かれた方も多いと思う。ペリーと言えば下田、下田といえばペリーぐらい有名なのであるが、多くの研究がなされているがために、新たに分析する切り口となる点が見付からず、このため今回は端折ることとなった。

予想していたとおり、伊豆と世界との関係は十九世紀、とりわけ幕末以降が圧倒的であった。第六章第四節に登場している江川坦庵（韮山代官）のように、既に江戸時代後期から世界を意識していた人間もおり、だからこそ漂流民としてアメリカに行ったジョン万次郎を抜擢するなど情報収集には怠りなかったのである。

大方の伊豆人は異国の人間の話を聞いたり見たりするものの、それは自分の生活圏外のものとして捉えていくのだが、知らずして自分が伊豆だけでなく、世界の潮流の中に生きているのだということを認識させられるのは、十九世紀末からの幾多の戦争であろう。中でも戦没者を出している家は否が応でも認識せざるをえないと思う。

近年はインターネットの発達により、世界の情報をリアルタイムで得ることができ、改めてグローバル社会にいることに気付かされる。二〇〇一年九月のニューヨークでの同時テロ事件はその最たるものであろう。

調査をしながら車で伊豆半島を廻ると、改めて歴史の風土を感じさせるいくつかの場所に出会った。郷土を知ることは歴史を知ることであり、先人たちの労苦を偲ぶことにも繋がり、年輩者との会話から有意義な時を過ごすことができた。

なお、本書の調査・研究の段階において、豆州歴史通信主幹の森山俊英氏、伊豆山資料館館長の太田君男氏、和泉中学校の加藤好一氏、松崎町の大野昭氏、下田市の若林成治氏をはじめ、様々な方から御教示いただいた。とりわけ、教会史の聞き取り調査ではどの神父、牧師さんも丁寧な対応で時間のたつのも忘れることがままあった。重ねてお礼申し上げたい。

著者略歴

桜井祥行（さくらいよしゆき）
1961年　静岡県生まれ
1985年　立命館大学文学部卒業、同年静岡県立高等学校教諭
2022年　県立高等学校長退官
県史・市町村史等編さん委員歴任、元伊豆の国市文化財保護審議会副会長
「地域から考える世界史」プロジェクト役員、高大連携歴史教育研究会委員
・著書　『伊豆と世界史』（批評社、2002年）
　　　　『静岡と世界』（羽衣出版、2014年）
・共著　『静岡県民衆の歴史を掘る』（静岡新聞社、1996年）
　　　　『静岡県の歴史散歩』（山川出版社、2006年）
　　　　『地域から考える世界史』（勉誠出版、2017年）
　　　　『つなぐ世界史2近世』（清水書院、2023年）

伊豆と世界史

豆州国際化事始め

２００２年４月10日　初版
２０２３年11月10日　復刊第２版

著　者　桜井祥行

発行所　㈲長倉書店
〒四一〇－二四〇七
静岡県伊豆市柏久保五五二－四
電　話　〇五五八－七二－〇七一三
ＦＡＸ　〇五五八－七二－五〇四八
印刷所　㈱デジタルパブリッシングサービス
カバー・表紙　長苗印刷株式会社
製本所　㈱デジタルパブリッシングサービス

ISBN978-4-88850-024-1 C1021